TOMA
TU LECHO
&
ANDA

Es una Actitud de Fe

MICHAEL A. SANTIAGO

DEDICATORIA

A la mujer que me dijo que sí delante de Dios y los testigos.
La que a diario me enseña lo que es amar sin barreras,
limitaciones ni excusas. Mi complemento. Mi pedazo de cielo
en la tierra. Mi primer beso en la mañana y mi ultima mirada
en las noches. La costilla perdida que Dios me sacó, y
encontré escondida en sus manos. Para ti es este libro Gene.
¡Te Amo!

TABLA DE CONTENIDO

AGRADECIMIENTOS

Nada de esto seria posible sin el apoyo incondicional de mi esposa. Ha sacrificado mucho de nuestro tiempo espacio para el desarrollo de este libro. Gracias.

A cada uno de los PORTAVOCES que me han visto crecer y desarrollarme en el ministro que soy hoy, y conociendo mis virtudes y defectos, me extienden la mano para ayudarme a dar la milla extra.

A mi familia que ha dicho que presente conmigo en todos estos años de dolor, y sin tratarme de forma diferente, me animan a ser mejor persona.

PROLOGO

A lo largo de los años y las épocas ha existido un elemento dentro del Cristianismo que ha provocado que el ámbito espiritual se unifique con el natural. Es un elemento que durante la jornada bíblica encontramos plasmado desde el Antiguo hasta el Nuevo Testamento. Dicho elemento causó que Abraham fuera justificado; provocó que Moisés abriese el mar en dos, y fue causante de milagros de todo tipo durante el ministerio de nuestro Señor Jesucristo. Es el motor iniciador de nuestra vida espiritual su nombre es Fe. Autor de múltiples manifestaciones dl poder de Dios y a su vez la razón mas firme por la que permanecemos anclados en Jesús en medio de tiempos difíciles.

La fe es el elemento espiritual sin la cual se hace imposible agradar a Dios, (Hebreos 11:6). En mi trayectoria de vida, la fe ha sido esencial para ver realizadas áreas de mi como ministro, padre y esposo que no se hubiesen manifestado con la ausencia de la fe. La fe es impartida como un don mediante la persona del Espíritu Santo, pero la vez debe ser desarrollada como un fruto en la vida del creyente con la ayuda del Espíritu Santo (1 Corintios 12:9; Gálatas 5:22) Por lo tanto, su importancia es vital para una vida victoriosa y firme como cristianos. La fe no niega la realidad de la montaña, pero le habla para que sea removida, (Mateo 17:20).

Creo con todo mi corazón que a través de la travesía de este libro, serás capacitado a desarrollar, aumentar y exponer tu fe como nunca antes. Se que de la mano de mi hermano el Evangelista Michael Santiago, tu espíritu será expuesto a un nuevo tiempo de confianza en Dios por medio de la fe.

Oro para que tu fe nunca falte y que en medio de todo escenario , puedas declarar con fe que el Espíritu Santo lo hizo una vez mas.

Paz de Dios.

-Profeta Jim Cintrón
Florida, Estados Unidos
Ministerio Despertados Por El Espíritu
jimcintronministry@gmail.com

Toma Tu Lecho & Anda

Toma Tu Lecho & Anda

INTRODUCCION

Toma Tu Lecho Y Anda

" El entonces, arrojando su capa, se levantó y vino a Jesús"

-Marcos 10:50, RV60

En un hogar muy humilde, de escasos recursos en una pequeña aldea a las afueras de la ciudad grande, se encontraba una madre soltera con su hijo único y su amigo en la mañana de navidad. El amigo del niño provenía de una familia muy adinerada, por lo que estaba acostumbrado a recibir regalos de alto costo. Todos los años recibía los obsequios mas solicitados y de mayor precio. Mientras que este niño vivía bien y recibía lo mejor, el otro niño sabia lo que era pasar las navidades sin regalos o con algunos muy sencillos y pequeños.

La diferencia de estos dos niños no era solo la economía obvia, sino también sus actitudes. El niño rico era pesimista, mientras que el pobre era optimista. Cuando

1

el niño pesimista recibió el regalo de sus padres, era exactamente lo que él había pedido. Una bicicleta nueva con todos los lujos. Era como si la hubiesen mandado a hacer específicamente para él. Era de color rojo con calcomanías de fuego. Tenía un claxon y luces reflectoras. Era el sueño de cualquier niño de su pueblo. El problema de este niño es que era pesimista, y por serlo, y al recibir su regalo dijo:

-*"Aunque era exactamente lo que yo deseaba, no creo que me sea de bien. Si monto la bicicleta y me caigo me puedo fracturar un hueso. Si me fracturo un hueso tendré que ir al hospital. Si voy al hospital me tendrán que operar y si me operan perderé días de clase. Si pierdo días de clase mis calificaciones pueden bajar. Si mis calificaciones bajan puede que no pase de grado y si no paso de grado es posible que no pueda entrar en la universidad que quiero. Si no entro a la universidad que quiero no podré estudiar lo que deseo y si no estudio lo que deseo mis sueños se pueden trochar. Gracias por la bicicleta. Está muy bonita, pero si la uso mis sueños hoy mismo se pueden acabar"*.

Mientras el niño pesimista discutía sobre sus posibilidades de fracasar en la vida, el niño optimista recibió su regalo. Su madre con un poco de pena en su rostro y con

"Unos son optimistas mientras que otros son pesimistas"

lágrimas en sus ojos, le entregó su presente. El niño esperaba ansiosamente el regalo de parte de su madre. Era una vieja caja de zapatos llena de estiércol. Cuando el niño abrió la caja y vio lo que tenía en sus manos comenzó a brincar y gritar de alegría. Soltando la caja, el niño comenzó a correr por los alrededores de su pequeña casa. Al entrar, comenzó a rebuscar por todas las habitaciones, como quien intenta encontrar algo escondido. Su madre confundida lo detuvo y le preguntó la razón por la que corría con tanta alegría y emoción. El niño con sus ojos llenos de entusiasmo le contestó:

-*"Es que, si me has regalado una caja de estiércol, es porque debe haber en la casa algún caballo, vaca u oveja que me hayas regalado también."*

Al escucharlo, su madre le contestó con un todo de preocupación mezclado con un poco de tristeza y decepción:

-*"Lo siento amor, pero lo único que te podía regalar era esto. Lamento no haber podido darte algo mas o mejor."*

A lo que su hijo respondió con ilusión:

-*"Pues búscame alguna planta o semilla para sembrar y utilizar mi regalo como fertilizante. Permíteme usarlo para sembrar."*

Me parece lamentable que perdamos la oportunidad de recibir o hacer algo mas con lo que a la mano tenemos porque nuestra actitud frente a la vida no es correcta. Que una mentalidad cerrada nos lleve a perder porque no puede ver mas allá de aquello que tiene delante.

¿Por qué será que tenemos mas fe para las cosas malas que para las buenas? Tenemos ya un pensamiento trazado y establecido de lo que podemos o no recibir y de lo que podemos hacer. Por ejemplo: El predicador mandó llamar al altar a los enfermos y necesitados y el primer pensamiento que pasa por nuestra mente es:

-"*¿Y si Dios no me sana?*"

Permíteme preguntarte: "*¿Qué tal si Dios sí te sana?*"

No nos hacemos de la idea de que Dios quiere sanarnos, sino que nos hacemos todo un escenario en nuestras mentes de cómo no vamos a recibir. La duda automáticamente toma el control de nuestros pensamientos, dándonos todas las posibilidades de fracaso en vez de un milagro.

Parece que hemos sido formateados de una manera en la que creer se nos hace difícil. Desde pequeños se nos dice qué podemos o no hacer. Se nos enseña y especifica cuales son las imposibilidades que tenemos o tendremos delante. Mas Dios tiene el deseo de hacer todo como nos dijo; romper el pensamiento de duda y hacer despertar la actitud de fe para hacer nos creer para entonces recibir.

"¿Qué tal si Dios sí te sana?"

Cuando un computadora se pone lenta y no funciona correctamente o sencillamente no tiene espacio para recibir algo nuevo, la respuesta siempre es reiniciarla y reformatearla. Hay que borrarle lo viejo para que reciba lo nuevo. Es necesario limpiarle el disco duro, porque mientras se mantenga con lo viejo dentro, lo nuevo que esta fuera no puede entrar.

Marcos revela en el capítulo 2 versículo 22 de su evangelio uno de los principios mas poderosos que Jesús le establece a los fariseos:

-*"Y nadie echa vino nuevo en odres viejos; de otra manera, el vino nuevo rompe los odres y el vino se derrama, y los odres se pierden; pero el vino nuevo en odres nuevos se ha de echar."*

Entiende lo que el Maestro enseñaba; El odre estaba hecho de pieles de cabras, y mientras estaba fresco y aun tenia queratina, tenia la flexibilidad necesaria para soportar el peso de lo que se le introducía, ahora bien, cuando se ponía viejo, se secaba y perdía a elasticidad que tenía. El problema que ahora enfrentaba el odre viejo, era que el vino nuevo estaba en etapa de fermentación, que no es nada menos que una etapa de expansión. Jesús les revela un misterio poderoso:

-*Lo nuevo está en crecimiento, mientras que lo viejo está en estancamiento. No se puede derramar algo que esta en crecimiento dentro de algo que ya se secó y estancó.*

Dios quiere entregarte aquello que llevas tiempo pidiendo o necesitando, y para ello, TODA duda debe hacer su salida, para que la fe que agrada a Dios vuelva a resurgir.

Para toda duda, hay una fe más poderosa que Dios nos ha entregado a aquellos que en Él hemos creído. Al recibirlo, y aceptarlo, Él nos da la confianza de que todas las cosas son posibles. Pero esa fe será pesada e incluso amenazada por las tinieblas. Porque el enemigo sabe que UNO viviendo en fe es mucho más poderoso que aquellos MUCHOS incrédulos. Que la fe revela VERDAD, y quien vive en la VERDAD es libre; mas el que vive atado a una MENTIRA, vive CAUTIVO a ella.

Es mi deseo que en las páginas de este libro encuentres la fe necesaria para recibir lo que el Hijo de Dios nos entregó en la cruz, nuestra salvación redención, per también nuestro milagro. Fue en esa misma cruz que Él venció públicamente todas nuestras angustias, dolencias, enfermedades, maldiciones, sufrimientos y cadenas generacionales. Jesús venció sobre todas ellas, y junto con Él nos ha hecho también, no sólo *vencedores*, sino *más que vencedores*. Su muerte nos dio *"Lo nuevo rompe lo viejo y lo estancado"* vida, y como resultado, resucitó en nosotros la fe y la esperanza.

Sin importar el tamaño o la magnitud de lo que estás pidiendo, Dios te ha dado y dará la suficiente fe para recibir lo que le pidas. ¡Vamos, pide! Hazlo con fe, y Él contestará como un Padre amoroso.

¡SI PUEDES CREERLO, PUEDES RECIBIRLO!

CAPITULO UNO

Fe Trascendente

"*Inmediatamente la fiebre la dejó...*"

-*Marcos 1:31, RV60*

¿Qué tal si Dios no te sana con la prontitud que esperas? ¿Qué tal si el milagro tarda mas de lo pensado? ¿Dejarás de servirle y amarle porque no te da el milagro? ¿Qué tal si el tiempo de espera es desesperante? ¿Qué tal si el dolor de la enfermedad aumenta? ¿Será posible que por nuestra impaciencia hagamos que nuestro milagro se retrase mas de lo debido?

Siempre escuché decir que la "*espera desespera*" y no podríamos dar con precisión en el clavo. La desesperación ante la manifestación del tiempo de espera es una que se nos parece casi imposible poder soportar. El mismo salmista establece en el Salmo 40:2 que Dios le "*sacó del pozo de la desesperación*", pero en el verso anterior dice que esperó *"pacientemente"*. Mientras esperaba con paciencia, la desesperación toco a la puerta de su corazón quitándole la paz.

Recuerdo que en los años de mi en mi adolescencia, escuché algún hermano contar un testimonio que a mi sinceramente me sacudió. Se contaba la historia de este hombre, hermano de la iglesia, que llevaba años esperando y orando por un milagro. Habían pasado los años y aún no había recibido absolutamente nada. Sinceramente no recuerdo cuánto tiempo el hermano esperó. Tampoco recuerdo qué tan grave era el dolor de su enfermedad, pero lo que sí acuerdo era la actitud de desesperación con la que este hombre esperaba. Había estado por un espacio de tiempo largo pidiéndole a Dios que le operara un milagro y le entregara aquello por lo que había estaba clamando por tantos años, pero como veía que el tiempo había pasado y no sucedía nada, su oración cambió. De un tono de fe, su oración se torno una actitud de molestia y rendición. En oración comenzó a decirle a Dios las siguientes palabras:

"¿Dejarás de servirle y amarle si no te da el milagro?"

- *"Señor olvídate de mí milagro. Deja de un lado aquello que llevo tanto tiempo pidiéndote. Me cansé de esperar. Si quieres sanar a otros antes que a mi, entonces hazlo, pero ya me cansé a que hagas algo por mí."*

Este hombre culminó su oración aquella noche y se acostó en su cama a dormir. Mientras descansaba en las horas de la vigilia, comenzó a tener un sueño de parte de Dios. Se veía como un casillero grande se comenzó a abrir con una gran velocidad y muchos archivos con papeles dentro. Todos estaban categorizados por nombres y clasificados por milagros. Comenzaron a descubrirse todos, revelando diferentes nombres. De repente se vio una mano qué tomó el primero de todos los archivos, y lo levantó, desvelando específicamente el nombre del hombre escrito en él. Tomó los demás archivos, los deslizó hacia adelante y colocó el suyo justo al final de todos. El hombre despertó saltado de su cama, como quien busca el aire luego de una pesadilla. El hermano entendió de pronto que su milagro era el próximo en manifestarse, pero a causa de su desesperación por el tiempo de espera, todo aquello por lo que oraba, ahora se atrasaría un poco más. Su momento de recibir había llegado, solo necesitaba resistir y soportar un poco más.

Tiempo entre Tiempo

Dios no opera siempre de la misma forma o manera. Hay veces en que los milagros que Dios hace son de manera instantáneas, momentáneas y repentinas mientras que en otras ocasiones los milagros son producidos en un lapso de tiempo más largo. Hay milagros que Dios los hace justo en el momento en el que se ora y se clama, mientras que hay otros milagros que Dios permite que el tiempo transcurra entre ellos para que dentro de ese tiempo otras cosas sean producidas.

Me gustaría hacer un paralelo entre el milagro de la suegra de Pedro y el milagro de los diez leprosos. Ambos sanados por Jesús, de diferentes maneras, pero a su vez similares en cuestión de tiempo. Uno INMEDIATO y el otro PROGRESIVO.

Lucas relata en el capítulo 17 su evangelio el momento en el que diez leprosos son sanados. A diferencia de otros milagros que Jesús hace, el milagro estos hombres es interesante ya que no es manifestado ni es hecho justo delante de Jesús ni en el momento en el que él les da la palabra de sanidad, sino que, cuando fueron enviados a presentarse delante de los sacerdotes, mientras iban de camino, creyendo, fueron sanados. Observe el detalle, no fue en el instante en el que se dio la palabra que el milagro aconteció, sino que cuando el tiempo transcurrió entonces el milagro se desató en ellos.

Marcos establece que la suegra de Pedro estaba acostada en cama con fiebre e inmediatamente fue sanada cuando Jesús la tocó. En los tres versículos donde se relata el milagro, (v. 29-31), se utilizan las frases *"En seguida"*, *"Instantáneamente"* e *"Inmediatamente"*. Todas ellas revelan la gravedad de la enfermedad y la prontitud en la que Jesús opera el milagro.

Al instante significa que sucede o se realiza justo antes o justo después de otra cosa sin medir tiempo entre ellos. Esto es lo que podemos conocer como el tiempo entre el tiempo. Es precisamente ese momento en el que el tiempo hace una pausa y se detiene. Es el espacio entre segundo y el segundo. Ese espacio entre la milésima de segundo y la milésima de segundo. Entre el tiempo y tiempo. Es el espacio en el que hay una brecha abierta para que algo pueda manifestarse o suceder instantáneamente. Es revelado como ese momento en el que Dios detiene todas las cosas para realizar algo que no estaba. El tiempo de una intervención divina.

"Solo necesitaba resistir y esperar un poco más"

12

Permíteme hacer énfasis en el tiempo por un instante. El tiempo natural lo podemos llamar como el *cronos*, y es la manera en la que podemos medir cronológicamente y con una secuencia los acontecimientos de los segundos, minutos, días, semanas, meses, años, décadas, siglos y milenios. Es el tiempo natural de las cosas. Este marca un inicio y un final. Muestra el comienzo y la culminación de las cosas. Sin el cronos no podríamos medir cuándo acontecieron las cosas o cuándo acontecerán. Tendríamos el *cómo*, pero no el *cuando*. Es por eso que el tiempo es inevitable. No hay artefacto, instrumento ni medio alguno que detenga el correr del tiempo. Usted puede inyectarse botox en su cara, y untarse queratina, pero nunca evitara que los años de la vejez le toquen. Puedes vestir como adolecente, pero no significa que lo sea. Entender y aceptar el tiempo es necesario, pues nos permite entender que cada manifestación de tiempos y temporadas traen algo fresco y nuevo consigo.

De igual forma, también podemos reconocer el *kairos*, que es precisamente el tiempo y el espacio en el cual Dios opera y se mueve. Dios no se rige por nuestro cronos sino que desde el *kairos* el opera e interrumpe nuestro tiempo para manifestar el Suyo. El *cronos* te presenta tu tiempo natural en la tierra, mientras que el *kairos* de Dios te está diciendo cuándo y cómo es que Dios va operar. En el *cronos*, estos 10 hombres leprosos debieron caminar hacia los sacerdotes para recibir su milagro, mientras que en el *kairos* ya el milagro estaba hecho. O sea que en el tiempo natural faltaban minutos para que se desatara una sanidad, pero en el tiempo de Dios ya había acontecido. Lo natural dice una cosa, pero en lo sobrenatural se estableció otra cosa.

Recibe esta palabra, tú milagro ya está hecho en la dimensión espiritual, sólo hay que traerlo a la dimensión natural. El milagro que se habló de la boca de Dios en la eternidad ya se estableció, sólo hace falta que el *kairos* entre en contacto con el cronos para materializar y realizar aquello que ya se habló.

Posiblemente haya gente que me leen en estas páginas y se encuentran comparando su tiempo de milagro con el tiempo de milagro de otros y pude que piensen que otros llegaron después que ellos y recibieron antes que ellos. A lo mejor llevas más tiempo orando por el milagro que otros pero parece que Dios los escuchó a ellos primero. Por lo que entras en esta guerra de pensamientos y claudicas preguntándote cuándo será el tiempo y el momento en el que Dios lo hará.

Yo te entiendo, pues dentro de la situaciones en las que me he encontrado en estos últimos años, tropiezo constantemente con este pensamiento y batallo con la de dardos que me preguntan *"¿Cuándo será el tiempo y el momento en el que Dios hará lo que dijo?"* Constantemente soy bombardeado con preguntas como estas, pues en mi humanidad se me hace imposible poder entender que

> *"El kairos es el tiempo y espacio en el cual Dios opera y se mueve"*

otros recibieron antes que yo aunque llegaron después, pero en el espíritu comprendo el principio del *tiempo*.

Entendamos lo siguiente: "No es que el milagro se hará, es que ya se hizo." En el tiempo de Dios, desde la eternidad, el milagro fue hablado, ordenado y escrito sólo hace falta que en mi tiempo se manifieste. Hace falta que el *kairos* entré en contacto con mi *cronos* para manifestar aquello que ya se estableció.

Eclesiastés 3:15 declara: *"Aquello que fue, ya es; y lo que ha de ser, fue ya; y Dios restaura lo que pasó."* En la eternidad se habló, y en la realidad se estableció.

14

En la eternidad se estableció que la suegra de Pedro recibiría el milagro en el momento en el que Jesús la tocara, pero también se estableció que los leprosos recibirían su milagro en el momento en el que caminaran en hacia los sacerdotes. No pienses que es que el milagro no llegará o no se manifestará sencillamente hace falta que tu tiempo se alinea con el tiempo de Dios.

Dios opera INMEDIATAMENTE. Interesantemente sus *inmediatos* no son nuestros *inmediatos*. Dios puede decirte ahora, y en Su tiempo AHORA, es mañana. Él puede decirte mañana, y en su tiempo es de aquí a un año. Alineados a la sintonía del Espíritu podemos entender los tiempos de Dios, y no solo eso, sino que también aprendemos a aceptarlos.

TODO lo que necesitas que Dios HAGA por ti YA está HECHO. Recibe esta palabra. Aquello por lo que llevas orando ya tiene respuesta, solución y arreglo. Solamente viene de camino. Espera a que tan solo se manifieste. Esto me hace recordar al profeta Daniel en sus 21 días de ayuno esperando respuesta y en el momento en el que el ángel se le manifiesta le establece lo siguiente: *"Daniel, no temas; porque desde el primer día que dispusiste tu corazón a entender y a humillarte en la presencia de tu Dios, fueron oídas tus palabras..."* (v 10:12). Desde el día uno ya había respuesta. Amado, desde el día en que clamaste Dios te escuchó. Él te ha enviado respuesta haciéndote entender que lo tuyo viene de camino. Tan solo espera y resiste.

¡DE QUE VIENE, VIENE!

Tamaño del Milagro

Hay dos cosas que he podido identificar en el milagro de la suegra de Pedro. El primero es lo que establecimos anteriormente; el tiempo en el que el milagro se desata, y segundo; la intensidad de la enfermedad de esta mujer. En comparación a todos los milagros que Jesús hace luego de éste, el de esta mujer no parece ser tan grave como los milagros que sucedieron después de él.

"Todo lo que necesitas que Dios haga por ti ya está hecho"

Los evangelios según Mateo (8:14 y 15), y según Lucas (4:38 y 39), también presentan el milagro de esta mujer. El primero la presenta *"postrada en cama"*, mientras que el segundo presenta su enfermedad de manera *"grave"*. Lucas como medico y profesional puede hacer la distinción entre una fiebre leve y una severa, por lo que establece desde su punto de vista profesional que su fiebre no era cualquiera. Era tan fuerte que la ha dejado incapacitada en cama. La fiebre le ha drenado tanto las fuerzas que no se puede levantar de su lecho. Mateo también nos revela un detalle mas, y es que establece que "Jesús la vio". Me bendice el entender que en la gravedad de su situación, el Maestro no esta enajenado. Él la vio y también te ha visto a ti.

El Señor no está ajeno a lo que estas viviendo. Él esta viendo tu dolor, tiene tu respuesta y el milagro que estas necesitando. Amado, si de pronto has pensado que Él se olvidó de ti, permíteme decirte que estas lejos de la verdad. Él conoce tu dolor y esta por intervenir y entregarte lo que necesitas.

Ahora bien, es posible que usted me pregunte: ¿Cómo podemos comparar un dolor de cabeza con un cáncer? ¿Cómo podemos comparar una fiebre con un tumor en el cuerpo? ¿Cómo podemos comparar una infección con una diabetes? La verdad es que no hay manera de poderles comparar, ni de hacer un paralelo entre ellas, ya que una parece ser más grave y más fuerte que la otra, sin embargo, ante los ojos del Señor, ellas tienen el mismo peso y la misma solución. Así mismo como lo escuchas. Tienen el mismo peso y la misma solución. Para Dios es tan fácil sanar un cáncer, cómo sanar una fiebre. Para Él es tan sencillo levantar un paralítico, devolverle la vista a un ciego, quitar la lepra del cuerpo de un hombre y hacer crecer un brazo, como lo es desaparecer una fiebre, un dolor de cabeza y una infección. Porque la respuesta a TODA enfermedad es la llaga de Jesucristo.

Ahora, es posible que seamos nosotros los que hemos categorizado el tamaño de las enfermedades, pensando que Dios está limitado por la intensidad o la gravedad de una enfermedad. Somos nosotros lo que hemos establecido lo que es difícil y fácil, posible o imposible. Hemos creado murallas con distintos tamaños, limitándonos de creer y tener fe. Dios tiene la misma capacidad de hacer un milagro grande cómo hacer un milagro pequeño, pues para Él nada es imposible.

¿Tendremos fe para un milagro del tamaño de una fiebre y una fe como un milagro del tamaño de un cáncer?

Permíteme decirte que el tamaño de fe debe ser igual. No necesitas más ni menos. Solamente necesitas CREER. CON CREER ES SUFICIENTE. Cree, aún cuando el tiempo pasa y no ves ni sientes nada. Cree, aún cuando otros recibieron antes que tu. Cree, aún cuando las fuerzas se te agotan. Cree, aún cuando no quieras creer. Te aseguro que tu tiempo será interrumpido por el tiempo de Dios y recibirás aquello por lo que has estado esperando.

El Maestro llegó, encontró a la mujer y dice el texto que: *"extendiéndole la mano, la tomó y la levantó"*. No permaneció débil luego de recibir, sino que se fortaleció. La misma mano que te levanta y te sana, es la misma que te fortalece para que sirvas. La mujer se fortaleció de tal forma que al levantarse comenzó a *"servirle"*. Lo que Dios hará en ti será de tal magnitud, que no encontrarás la manera de permanecer quieto, ni estático. Tendrás que levantarte y trabajar en y para otros. Tu milagro se convertirá en tu evidencia ante los ojos de los hombres, y en la motivación de tu servicio.

"Creer es Suficiente"

La palabra que se usa para *"servía"*, es la palabra griega *"diakoneo"*, que no es nada menos que el servicio de diácono. Es estar atento a la necesidad presente y actuar. La mujer ha sido tan bendecido, que su respuesta es servir como le han servido a ella. Ayudar a otros como le han ayudado a ella. Extenderle la mano a otros, así como uno le extendió la mano a ella.

CAPITULO DOS

Fe Sujeta

"...Quiero, se limpio..."

-Marcos 1:41, RV60

Recuerdo ese día como si hubiese sido ayer. Acababa de entrar en el área del comedor de la escuela elemental PS 314 en Brooklyn, New York. Volvía a clases luego de haber estado durante unos días en diversas oficinas médicas de los especialistas en huesos. Ansiaba por volver a clases, pues extrañaba a mis amistades. Pensando que sería el mejor día regreso, de pronto todo se oscureció. Entré al enorme salón y los ojos de todos se posaron sobre mí. Era como si hubiese algo sobre mí que era imposible no mirar. No tenía que escucharlos decir palabras o comentarios algunos, sino que sus miradas hablaban por sí solas. Sus miradas parecían descubrir hasta mis secretos más profundos, internos y ocultos. Aquellos minutos me aparecieron una eternidad, ya que de pronto todo el ruido de gritos, de risas, de palabras y de la algarabía se convirtieron en un silencio repentino.

Absolutamente nadie habló ni comentó. Nadie se rió, solamente me miraron. Las miradas y aquellos minutos me parecieron tan largos que lo único que deseaba era desaparecer en aquel instante...

Yo tan solo tenía 5 años de edad cuando comencé a notar la enfermedad. Yo no me comencé a fijar en la enfermedad cuando caminaba de forma extraña. Tampoco la noté cuando de boca de los médicos se sentenciaba mi condición. No me fijé en ella cuando vi las placas y los documentos que la revelaban con detalles. Comencé a notar la enfermedad a través de los ojos de la gente. Fue el día en que noté que sus miradas me gritaban y decían que yo estaba enfermo. Fueron sus miradas las que me decían cuán grave era mi enfermedad. Sus miradas me decían cuán diferente yo era y cuán marginado comenzaría a estar entre la gente...

¿Quien tiene un niño pensando que llegará enfermo a esta vida? ¿Quién planifica una familia considerando de antemano enfermedades y dolor? Sin temor a equivocarme, diría que absolutamente NADIE. Al contrario, todos se hacen de sus planes familiares con las mayores ilusiones y expectativas... Pero, ¿qué se hace cuando se llega un hijo enfermo?

"Comencé a notar la enfermedad a través de los ojos de la gente"

Fue el 2 de mayo del 1991 el día en que llegué al mundo. Aparentemente un niño saludable acababa de nacer, pero exámenes profundos dirían lo contrario. Un pulmón malo, con asma crónica y los huesos de las rodillas afectados por una condición llamada *Genus Valgus*. Sí, se que suena como el nombre de algún plato francés, pero no lo es. Es una enfermedad progresiva que deforma los huesos de las rodillas impidiéndoles doblar correctamente y por consecuencia, limitando y afectando el caminar.

Como la enfermedad tocó mi cuerpo a tan temprana edad, toda mi vida se vio afectada por ello. No podía hacer deportes. No podía correr. No podía caminar largas distancias. No podía estar mucho de pie. Me cansaba de estar sentado mucho tiempo. No podía hacer lo que todos hacían, pero sí buscaba la forma de envolverme en lo que ellos hacían, pues deseaba ser parte de ellos.

A la edad de 5 años fui llevado a los especialistas de la Ortopedia, para buscar algún tipo de alternativa a la situación. Por lo que mandaron hacerme unos tipos de ganchos o braces para las piernas que impedían que mis rodillas continuaran deformándose.

Por un espacio de doce años recuerdo haber utilizado aquellos aparatos. Con la mayor sinceridad puedo decir que fueron la mayor razón de burla y crítica. Aquél día que entre al salón comedor de mi escuela, llegué con los braces puestos. Hubo el silencio que mencioné, que aun creo que fue eterno, cuando de pronto el silencio aterrador fue roto por la voz de un niño que me comenzó a gritar sobre nombres. Ese fue el inicio de mi hundimiento y marginación.

El complejo se apoderó de mi de tal forma, que no salía sólo de la casa, por miedo a lo que me dirían. Si salía acompañado con ms familiares, intentaba esconderme entre ellos de manera que la gente no me pudiera ver. Cuando me miraba en el espejo, lo único que sentía era odio y asco por mi mismo. No, no teñía veinte años de edad, sino que desde mis cinco años comencé a sentirme de esta manera. Me odiaba, ya que era o único que sentía de parte de la gente que me miraba. ¿Cómo podría ser feliz, si la gente no mostraba felicidad en sus expresiones al verme? Hay quienes son expertos disimulando cuando ven algo extraño, otros no. Unos simplemente se detenían y me señalaban. ¿Cómo amarme yo mismo, si no me sentía amado por los demás?

Marginados

Marcos presenta uno de los escenarios mas deprimentes, la vida del leproso. No era una vida sencilla, sino que era bastante complicada. Para el libro de Levítico, Dios le revela a Moisés la ley para Su pueblo. Se les establecieron los límites necesarios para agradar a Dios en aquel entonces, y entre lo que se era muy estricto era en las ceremonias de limpieza o purificación. A las personas que llegaran a sufrir el contagio de la lepra, seles presentaba una serie de situaciones que parecían complicarle la vida aun mas. Esta gente debía vivir marginada y separada de toda la civilización y de todo el pueblo en común. Si la persona estaba casada, debía dejar a

"¿Cómo amarme yo mismo, si no me sentía amado?"

su esposa o esposo en casa, dejar también a sus hijos, abandonar el hogar y apartarse por completo en una comunidad aparte. La ropa de esta persona debía ser quemada o purificada, y se hacía lo mismo con sus pertenencias, como la casa donde vivía.

Para este tiempo la lepra era bastante contagiosa, por lo que un simple contacto con un leproso te podía dañar la vida por completa. Este era el pensamiento y la actitud que la sociedad tenían hacia los leprosos. Nadie se les acercaba. Nadie deseaba interactuar con ellos. Incluso, en el tiempo de Jesús, los leprosos debían andar con campanas sonando, gritando y dando voces diciendo:

- "¡Somos leprosos!"

Toda la gente debía saber que leproso estaba cerca, porque tanto el ruido de la campana como el sonido de su voz daba el indicativo y la alerta para que la gente se mantuvieran a una distancia saludable, no los tocara, ni se acercaran a ellos. Todo esto presentaba un escenario de separación y marginación.

La lepra no solamente representaban un estado de enfermedad, sino que para los judíos, era representativo e indicativo de una situación de pecado. Se veía como la manifestación en carne del pecado de la persona o de los padres. Este era el pensamiento que la gente tenía y creían que la enfermedad llegaba consecuencia del pecado, por lo tanto, si no se acercaban al leproso por su enfermedad, pensando que se podrían contaminar o volverse impuros, mucho menos se le acercaban a causa de su pecado, porque de igual forma pensaban que podían contaminarse o quedar impuros a causa de su pecado. O sea que, por dos razones la gente mantenía la distancia entre el leproso y ellos. Por la contaminación de su enfermedad o por el contagio de su pecado.

Los Síntomas de la Enfermedad

La lepra era enfermedad que al instante que tocaba la piel de la persona, comenzaba a comerse el tejido. Ella causaba un picor tan irresistible e insoportable, que de la única manera en que su víctima podía sentir alivio era rascándose cada vez con mas fuerza. Poco a poco la lepra descomponían la piel de la persona.

A veces se convertía como en un tipo de escama blanca y seca. Cuando los pedazos de piel se secaban y morían por completo, se caían, revelando la carne viva debajo, dejándole un dolor agonizante la persona, con un olor a putrefacción. Poco a poco se iba muriendo la victima, entrada en este estado de descomposición, por lo que su apariencia era desagradable antes los ojos de la sociedad.

El Leproso y Su Adoración

Cuando lees a Marcos, en comparación a Lucas, te das cuenta que, como escritor, tiene su propio estilo y diseño, pues no toma la misma postura del médico, revelando los detalles personales de cada personaje presentado. Los datos que sí nos revela, son precisamente aquellos que muestran la actitud del leproso. Encontrando a Jesús, se postró delante de Él. Me fascina la manera en la que Mateo la presenta pues

"Todos mantenían distancia para no contaminarse"

establece que *"le adoraba"*, (Mateo 8:2). La *postura* de este hombre no precisamente es una de *pedir* o *exigir*, sino que, entendiendo y conociendo a quien tiene delante, su *posición* frente a Él debe ser una de completa *rendición* y *adoración*.

El escritor nos revela unos misterios poderosos de la fe. Nos enseña que la fe está sujeta a la adoración. Ambas van tomadas de la mano, pues revelan un estado de completa dependencia. Tanto la fe, como la adoración establecen su lugar delante de la majestad de Dios.

- Quien tiene fe le dice a Dios: *"Yo confío en Ti"*.
- Quien adora le dice a Dios: *"Todo lo que tengo y soy es por ti"*.

Ambas son manifestaciones de completa dependencia del Eterno. Es por eso que quien no tiene fe, no comprende cómo o por qué se adora, y de igual forma, quien no es adorador no conoce lo que es tener fe.

El leproso se presenta delante de Jesús y antes de presentar su petición, manifiesta su adoración. Te darás cuenta que hay una gran diferencia entre los que son adoradores y los que no lo son. Los que no son adoradores primero presentan su lista de peticiones, exigencias y demandas, y si se acuerdan, al final presentan sus sobras de adoración. El apóstol Juan establece en el capitulo 12 de su evangelio que cuando María se presentó delante de Jesús con su perfume, trajo consigo una libra de perfume puro. Interesantemente para este tiempo, un frasco común de perfume contenía aproximadamente tres onzas de perfume. Pero así no es María. Ella no presenta las migajas de la semana. No trae lo que le sobró de su servicio, como tampoco presentó un poco para guardar el resto. Ella trajo una libra completa, pues entendía que si se presentaba delante del Maestro, ella debía traerle su mejor adoración.

Es precisamente por esta razón que la vida del leproso me es tan interesante, pues pone a un lado de momento su *enfermedad*, y presenta primero su *gratitud*. Creo que nuestro milagro se nos *presentará* mucho más pronto, el día en que mostremos nuestra adoración en gratitud al Eterno. Será el día en que pongamos a un lado nuestras quejas, peleas, peticiones, oraciones, caprichos, demandas y exigencias, y comencemos a adorar al Salvador por Quién es Él en nuestras vidas. No por lo que nos hace o puede hacer, sino porque Él es digno de toda adoración.

"La fe le dice a Dios: Yo confío en Ti"

Hágase Tu Voluntad

En el momento en el que el leproso se postra y adora a Jesús; le hace una declaración que, sinceramente, a mi me sacude.

- *"...Si quieres puedes limpiarme"*

La declaración de este hombre me parece una de las

manifestaciones de fe mas *sinceras*, ya que la fe entiende que ella va *sujeta* a la voluntad de Dios. Permítame hacer la salvedad en esta declaración. Hay personas que *no reciben* un milagro, no porque *no tienen fe*, sino porque *no es la voluntad* de Dios que reciban lo que pidan. En una óptica humana y carnal, esta verdad parece ser cruda o cruel, pero n la óptica espiritual tiene peso y sentido, pues esa enfermedad puede ser precisamente la herramienta que Dios utilice para sanar a otros, rescatar a otros, libertar a otros, o incluso, confrontar a otros.

En el libro *En Los Zapatos Del Evangelista*, yo relato una experiencia personal, en la que le estoy reclamando a Dios el porque de las dolencias y por qué no me ha sanado aún. Yo no lo había podido comprender, hasta ese día. Sentí Su presencia entrar en mi habitación, escuché Su voz llamarme por mi nombre y decirme:

- *"Michael, Yo no te voy a sanar todavía, porque tengo a muchas personas completamente sanas en mi pueblo que no quieren trabajar para Mí, y es por eso que levanto a quienes pueden menos que ellos."*

Yo me sacudí con aquella sentencia. Todas mis quejas y peleas se disiparon al instante cuando Él me reveló Su voluntad. Por lo que es necesario que usted entienda *cual* es la voluntad de Dios dentro de la situación que estas viviendo.

El leproso puedo haberle dicho al Maestro: *"Quiero que me sanes. Necesito que me sanes. Me tienes que sanar. Tu dijiste que lo harías."* Si hay una preocupación en mi es por una generación que cree que tiene a Dios agarrado de la mano y que piensan que le pueden chantajear, olvidando que Él es soberano y Su voluntad es perfecta para nosotros.

La verdadera fe nunca se ve desligada de la voluntad de Dios, por lo que, quien la tiene tampoco se molesta o incomoda cuando las cosas no resultan ser de la manera en que ellos pidieron o reclamaron. No hay problema con *pedir* el milagro, el problema está cuando le presentamos a Dios un *ultimátum: "Si tu no me sanas no te sirvo. No te canto. No predico. No te busco."*

Tener fe, es entender que Dios sigue siendo nuestro sanador, aunque no nos sane. Él sigue siendo nuestro proveedor, aunque no nos provea. Le continuaremos sirviendo porque le amamos, no por lo que nos da u ofrece.

Misericordia

La actitud de fe, adoración y declaración del leproso fue tan poderosa que movido por misericordia, Jesús actuó a su favor de este hombre. Tener misericordia es tener *compasión,* que es *"Si quieres, puedes limpiarme. Acepto tu voluntad"* precisamente *ponerse en lugar de otro.* Me bendice el hecho de que Jesús es Dios, pero también es hombre, significando que sabe lo que es sentir *dolor, emoción,*

28

tristeza, ira, alegría, etc. No habría manera en la que Jesús se pudiese identificar con la humanidad si no se ponía en sus zapatos. ¿Cómo podría vencer el pecado si no era tentado? Vivir en el cuerpo de un hombre le permitió sentir el dolor humano, para que así entonces lo pudiese curar.

Movido por misericordia, el Maestro actuó a favor del leproso. Y te tengo noticias amado, hay abundancia de misericordia de Dios extendida sobre tu vida. La palabra declara en Lamentaciones 3:23 que ellas son *"nuevas cada mañana."* Antes de usted despertar hoy, las misericordias de Dios se renovaron y extendieron a tu favor.

Jesús comprende el dolor de tu enfermedad, porque la cargo sobre sí mismo n forma de cruz. Él comprende tus vulnerabilidad ante las situaciones adversas, pues como hombre padeció, pero venció. El hecho de ver a un Jesús resucitado, despierta en nosotros la esperanza y seguridad de que al igual que Él, nosotros también venceremos.

Fue tal el agradecimiento del leproso que, no pudo mantener en silencio la obra que hicieron en él. No calles lo que has visto y te han dado.

Anúncialo. Decláralo. Grítalo

Toma Tu Lecho & Anda

CAPITULO TRES

Fe Negativa

"Y no pudo hacer allí ningún milagro..."

-Marcos 6:5, RV60

*L*a incredulidad es nada mas y nada menos que el veneno que paraliza las manifestaciones milagrosas. Es una bacteria que consume la fe. Es un parásito que se alimenta de la confianza, drenándola, hasta dejarla sin expectativa. Ella tiene la capacidad de matar sueños, paralizar proyectos, e inmovilizar el avance. Quien es tocado, infectado e influenciado por ella, pierde toda la esperanza, expectativa e ilusión.

A diferencia de la incredulidad, la fe es como un aire fresco que vitaliza y resucita la expectación de lo que Dios es capaz de hacer. Quien tiene fe, tiene esperanza en sus sueños; emprende con seguridad; e innova con expectativas.

Somos desafiados a diario a manifestar una fe que pueda aplastar los pensamientos de la incredulidad. Somos retados a contrarrestar esas inclinaciones al desamparo y la ansiedad.

Por lo que entiendo que hay una constante lucha entre la fe y la duda. La primera, al creer nos lleva a recibir; mientras que la segunda, dudando de todo, nos hace perder la oportunidad de obtenerlo todo.

Alimenta al Correcto

Un joven se sentó frente a su abuelo para recibir de su sabiduría y escuchar de sus experiencias de vida. El joven muchacho, se encontraba en una lucha entre la confianza y la incredulidad. Entre actuar o detenerse. Creer o dudar.

"Quien tiene fe, emprende con seguridad"

El anciano, lleno de ciencia y cultura, escuchando con paciencia la preocupación de su nieto, le dijo:

- *"Hay una constante lucha en mi interior. Es como si vivieran dos lobos dentro de mi. Ambos pelean por ganar y sobresalir. Uno es de pelaje negro y el otro es completamente blanco. El primero, esta lleno de duda, incredulidad, desconfianza, temor e inseguridad. Mientras que el segundo, está lleno de confianza, convicción, seguridad, certeza y certidumbre."*

El joven, asombrado, como quien acaba de descubrir algo nuevo, volvió y preguntó:

- *"Abuelo, entonces, ¿cual es el lobo que gana la pelea?"*

A lo que su abuelo, con una sonrisa en su rostro contestó:

- *"Siempre gana al que yo alimente."*

Parece ser un cliché, pero permíteme hacerte esta sentencia:

"ALIMENTA tu FE para que tus DUDAS se
MUERAN de HAMBRE"

Alimenta la vida de la fe. La palabra de Dios es el alimento y el abono que fertiliza la confianza de Quién es Dios en nuestras vidas. Tu decides quien vive y quien muere en ti. O muere la duda, o muere la fe.

La duda y la fe se encuentran diariamente luchando por el control de nuestro corazón, y tal parece que la duda gana la mayoría de las veces; pero, ¿por qué? *¿Por qué será que se nos hace mas fácil dudar que creer?* Me parece que desde nuestra niñez, se siembra en nosotros una semilla que poco a poco germina, crece y se desarrolla en nuestro interior, limitándonos a recibir aquellas cosas que desde la eternidad se nos entregaron.

Creer, una palabra tan corta de cinco letras, pero tan difícil de empuñar. Hablar de *creer* y tener *fe* es muy fácil, pero *vivirlo* y *manifestarlo*, eso es cuento aparte. Este es el único requisito que el Maestro nos pide para que podamos recibir, pero se convierte en la actitud mas desafiante.

Se dice que aun *perro viejo no se le pueden enseñar trucos nuevos*, pero, ¿que tal si cambiamos la frase un poco? *"Si se le puede enseñar un truco nuevo"*. Un adiestramiento correcto y con paciencia, puede hacer el efecto necesario.

Lo primero que habría que hacer es cambiarle el ambiente. Si la atmósfera cambia, los resultados cambian también. Si el ambiente es distintos, los efectos también lo pueden ser.

Los evangelios relatan que Jesús se encontraba en Nazaret, el lugar donde se había criado. Este fue el lugar donde creció y se desarrolló en todo un hombre. Todos lo conocían y sabían quien era; o por lo menos conocían su humanidad, pero no su divinidad. Ellos se habían acostumbrados a verle y tenerle siempre presente, que verlo hacer maravillas les parecía una locura. ¿Cómo es que el hijo del carpintero José ahora dice que es el salvador del mundo? ¿Cómo es que un simple carpintero puede hacer milagros?

"Alimenta tu fe y toda la duda en ti morirá"

Hay veces en las que tal parece que nos acostumbramos a tener a Dios con nosotros, que la rutina nos opaca la fe. Perdemos de perspectiva el hecho de que Dios sigue siendo Dios. Lucas revela en el capitulo 10 de su evangelio que

Jesús estaba en casa de Lázaro compartiendo y enseñando. Mientras todos disfrutaban de su compañía, Marta, que estaba ocupada en los quehaceres de la casa se encontraba molesta con el hecho de que María no la ayudaba, pues estaba sentada a los pies del Maestro. Se sentía tan molesta y cargada con todo lo que hacía, que no lo podía disimular ni ocultar, pero el Señor, conociendo todas las cosas le declara: "*afanada*". Permíteme hacer una observación. Ella o estaba afanada por los quehaceres, sino porque no se da cuenta de la oportunidad que esta perdiendo. Sin embargo su hermana entiende que Jesús está en su casa. Su actitud está declarando lo siguiente:

- "*Sí sé que hay cosas que hacer. Hay comida que preparar. Hay cosas que limpiar. Hay ropa que doblar... Pero como yo no se si Jesús viene mañana, tengo que disfrutarlo HOY.*"

El problema de los habitantes de Nazaret, era que vivían tan acostumbrados con tener a Jesús en medio de ellos, que se les hacía imposible verlo como la respuesta a sus problemas. La incredulidad se apoderó de ellos de tal forma que Él no pudo "*hacer ningún milagro allí*". Fue la duda lo que cortó las posibilidades de que el pueblo recibiera los milagros que necesitaban.

Mateo lo especifica de la siguiente forma en su evangelio:

- "*Y no hizo allí muchos milagros a causa de la incredulidad de ellos.*" (Mateo 13:58, RVR 60)

La palabra usada para como *"incredulidad"* en el texto, es la palabra griega *"apistia"*, derribada de la palabra *"apistos"*, que se compone de las palabras *"ap"* y *"pistos"*. La primera es una *"partícula negativa"*, mientras que la segunda es precisamente *"creer"*. La incredulidad es como una gota de aceite en un vaso de agua, que no se mezcla, pero que sí la daña impidiendo que se consuma.

La incredulidad es exactamente lo contrario a la fe. Es una *fe negativa*. Ella cree todo lo contrario. Quien la tiene, en vez de creer que está sano, cree que está enfermo. En vez de creer que es próspero, cree que es pobre. En vez de pensar que las cosas le irán bien, cree que todo le irá mal. Quien es influenciado por ella nunca avanza a cosas nuevas porque no cree que las puede obtener. Siempre se encuentra estancado en el mismo lugar. Nunca tienen un testimonio nuevo. Nunca tienen una experiencia nueva. Estancados en la mediocridad.

"Tengo que disfrutarlo Hoy"

Dios tiene tanto problema con los incrédulos que Hebreos 11:6 declara:

- *"Sin fe es imposible agradar a Dios; porque es necesario que el que se acerca a Dios crea que le hay..."*

Era tanta la incredulidad de la gente en Nazaret, que Jesús mismo se maravilló de ello. Por dos cosas se asombra Jesús, por la abundancia de fe y la abundancia de incredulidad. La fe de la mujer sirofenicia fue tal que pudo recibir la liberación de su hijo; mientras que la falta de fe de los habitantes de Nazaret fue tan fuerte que el Maestro no pudo hacer sus obras maravillosas.

Sea que tengas un poco de fe, ella basta para que puedas recibir. Los mismos discípulos se encuentran en un momento pidiéndole al Maestro que les aumente la fe. Amado, la fe no hecha a un lado la realidad de las cosas como si no existieran, sino que las confronta con confianza y seguridad creyendo que pueden cambiar para bien Quien tiene fe, sencillamente le esta diciendo a sus circunstancias: *"NO TENGO MIEDO. TODO ESTARA BIEN."*

CAPITULO CUATRO

Fe Sin Barreras

"... Descubrieron el techo donde estaba ..."

-Marcos 2:4, RV60

*F*e radical. ¿Podríamos llamarla así por un momento? Vamos a describirla como: Capaz de romper con lo común, derribar fronteras, sobrepasar obstáculos y hacer locuras. Una fe desesperada. Así puedo describir la fe de este hombre que años atrás vi...

Cuando comencé a abrirme paso entre los predicadores en mi adolescencia, viviendo en el estado de Massachusetts fui invitado a un congreso y cruzada de milagros donde un pastor de África estaría exponiendo la palabra y a la vez orando por los enfermos. Yo ya predicaba y ansiaba por conocer más a profundidad el poder de los milagros. Por lo que se habían separado los días del fin de semana para la impartición de la palabra y la oración por los enfermos. Yo había visto unos milagros anteriormente, pero nunca algo tan increíble como lo que en aquel fin de semana yo experimenté. Fue una manifestación de gloria tan fuerte que fueron cantidades de personas sanadas de diversas dolencias y enfermedades. Unos mas graves que otros, pero todos igual de impresionantes.

Recuerdo haber visto personas levantarse de sus sillas de ruedas, soltar sus bastones, los ciegos comenzaron a ver, los sordos escuchaban y los mudos gritaban. No exagero, fueron unos milagros que marcaron el inicio de mi ministerio. La gente no paraban de testificar milagro tras milagro que Dios hacia. Con cada testimonio de sanidad que se anunciaba mi fe aumentaba. Por lo que allí estaba yo, sentado en primera fila observando los milagros que Dios estaba haciendo, cómo los hacia y yo me empapaba del conocimiento de lo sobrenatural.

Fueron tantos los milagros, pero hubo uno en específico que me marcó más que todos los que vi. Un padre se acercó al altar con su niño de aproximadamente algunos 5 o 6 años de edad llorando. El niño tenía su cabeza completamente vendada a la vuelta. Su padre lo cargaba en sus brazos y lo acercó al hombre de

"Es una fe desesperada"

Dios que ministraba sobre el altar, esperando poder recibir algo. Aquel hombre lloraba con desesperación por la situación de su hijo. El padre del niño le dijo al pastor que su hijo había entrado en cirugía dos días atrás, ya que él había nacido sin su oído ni oreja del lado izquierdo. Su cabeza y su piel estaban completamente cerradas de aquel lado, por lo que ni la oreja, ni tenía el oído existían. No tenía el orificio por el cual el sonido pudiese introducirse y el niño escuchara. El niño había entrado en cirugía ya que los médicos habían comenzado a hacer una operación exploratoria y habían cavado un hueco en esa área de su cabeza y de su cráneo para abrir el espacio y construirle un oído artificial. Lo único que el niño tenía era un pequeño boquete y un tipo de tubito plástico para que no se sellará la apertura que los médicos habían hecho. Cuando el padre se acercó presentando la situación ante el pastor y la congregación, el ministro lo miró fijamente a los ojos y le preguntó:

- *"¿Crees que Dios puede hacer el milagro sobre tu hijo?"*

A lo que el padre respondió con un muy seguro: *"Sí"*.

Nuevamente el pastor le miró fijamente y le preguntó:

- *"¿Crees que ya Dios sanó a tu hijo?"*

Una vez mas el padre muy confiado le respondió:

- *"Yo sé que sí"*.

41

Cuando el pastor escuchó la respuesta de aquel padre ansioso por el milagro de su hijo, le respondió y le dijo: *"Quítale la venda de la cabeza a tu hijo porque tu niño está sano".*

El padre titubeó de momento ya que la declaración del hombre de Dios estaba desafiando su fe, su razón y las palabras de los médicos y especialistas. Se encontraba luchando entre la fe y la duda.

Se pudo haber estado preguntando aquel hombre desesperado por la situación delicada de su hijo una y otra vez en su mente:

- *"¿Lo hago o no lo hago? ¿Lo creo o no lo creo? ¿Lo recibí o no lo recibí?"*

En un acto de fe y valentía, sin tardar mucho tiempo en accionar, el padre tomó la venda de la cabeza del niño y la comenzó a desenvolver. La quitaba como un niño en la mañana de navidad ansioso por ver su regalo. El pueblo estaba expectante y toda la multitud ansiaba por ver lo que estaba por acontecer. Mientras aquel padre le quitaba la venda de la cabeza a su niño, todo el pueblo comenzó a gritar de emoción y júbilo ya que impresionantemente cuando la venda fue quitada, el oído y la oreja que no es existían, en un instante fueron formadas y creadas. El padre lloraba y daba gritos de agradecimiento

"Quítale la venda... ya está sano"

mientras el niño asombrado se tocaba y decía que podía escuchar. El niño ya no tenía la necesidad de volver a entrar en una sala de operaciones y recibir algún tipo de cirugía porque el médico de los médicos había hecho un milagro extraordinario. Sólo necesitaba testificar lo grandioso que es nuestro Dios.

Salí de aquella actividad y servicio con una fe tan latente y viva que deseaba buscar algo más. Necesitaba y ansiaba experimentar y poder conocer más acerca de lo sobrenatural. Por lo que sábado en la mañana el ministro abrió un espacio para enseñar en cuanto a la fe y los milagros a los pastores y ministros, específicamente para impartirles de aquella sabiduría conocimiento de lo sobrenatural. Llegué bien temprano en la mañana, cerca de las 7 de la mañana para poder tomar de los primeros asientos en el frente, pues deseaba que mi copa rebosara y que se me pegara algo de lo que emanaba de la vida de aquel hombre. Sus palabras eran como manantiales de vida, y todo lo que expresaba despertaba confianza y fe en todos los que lo escuchaban.

Yo estaba sentado justo de frente a él en primera fila, y llenaba las páginas de mi libreta con todo lo que el hombre expresaba. El pastor comenzó a relatar las experiencias que había vivido en su ministerio y las cantidades de milagros que Dios había hecho a través de él y a través de su ministerio. Por lo que ahora deseaba que todos los que estaban cerca pudiesen experimentar y entrar en esta ola de milagros. Abrió su discurso con las siguientes palabras:

-"*Los milagros son fáciles. No hay milagros difíciles para el Señor*".

Aquellas declaración me rompió. Fueron las palabras mas sencillas y llenas de verdad que había escuchado en mi vida, pero a la vez eran tan contundentes, llenas de fe y de convicción. Yo estaba seguro que todo lo que el varón decía desde el altar era real y cierto, pero no sabía de qué forma mi fe sería desafiada y confrontada.

"*Los milagros son fáciles*"; aquellas palabras resonaban en mi espíritu como un eco que volvía una y otra vez. Retumbaban en mi espíritu con fuerza. Cada vez que las escuchaba era como si mi fe aumentara y rebosara, pues se hacían cada vez mas reales en mí.

Los Rompe Techo

De la misma manera, Marcos, en el capitulo 2 de su evangelio nos presenta a 4 amigos manifestando un acto de fe. Tienen un amigo que no tiene la manera de moverse y llegar al Maestro, por lo que ellos mismos lo llevan al lugar donde puede recibir. Jesús esta en casa, posiblemente en la de Pedro enseñando y hay tantas personas que no se encuentra espacio para nadie más en la reunión. Imagínese a la multitud mirando por las ventanas y

"Los milagros son fáciles"

puertas. Trepándose uno encima de otro porque hay hambre y sed por lo sobrenatural. La gente no quiere que le cuenten, ellos mismos quieren vivirlo en carne. Y es a causa de una multitud insistente, que estos cuatro amigos de igual forma insisten en un milagro. Es tal la necesidad que hay en estos hombres que su fe les impide permanecer estáticos ante una oportunidad como esta.

Observe amado, la fe NO PERMANECE QUIETA. Ella siempre se encuentra en constante movimiento, por lo que procura su propio milagro, pero también rompe con el egoísmo, pues busca los beneficios de otros de igual forma. La fe no busca solo para uno, sino también para otros. Este tipo de fe es aceptado y bien recibido por el Padre, pues manifiesta el amor por los demás, revelando su deseo de ver la restauración de los demás.

Hay personas que reciben, no por el hecho de que ellos actuaron en fe, sino porque otros lo hicieron por ellos. Madres que creyeron por sus hijos y corrieron al Señor confiando que recibirían. Esposos que creyeron que Dios restauraba sus hogares y corrieron a Él. Hermanos que corrieron al Eterno depositando su fe en Él creyendo que sus hermanos alcanzarían salvación y así mismo recibieron.

Juan relata en el capitulo 11 de su evangelio que cuando Jesús llego a la entrada de Betania luego de que su amigo Lázaro llevara cuatro días de estar enterrado, Marta lo recibió y le reclamó por el milagro de su hermano, incluso frente a su tumba dudó y Jesús le estableció el principio de la fe, declarándole:

- *"¿No te he dicho que si crees veras la gloria de Dios?"* (v. 11:40).

Jesús pidió que María fuese llamado, por que me parece que si de fe se trataba, ella comprendía el lenguaje mejor que su hermana. Tan pronto ella escuchó que la llamaban, el texto revela su actitud: *"se levantó de prisa"* (v. 29). María no esperó, sino que ella se movió instantáneamente por fe.

La fe siempre sacude la comodidad y el conformismo, pues no espera a que las cosas lleguen o sucedan, sino que sale a buscarlas. Una fe radical esta en constante movimiento y persecución.

Tanto María, como estos cuatro amigos no se quedaron sentados esperando de brazos cruzados a que *"alguien"* llegara, ellos salieron a buscarlo.

La duda te hace permanecer quieto presentando excusas y pretextos. La duda te hace conformarte con tu situación, pero quejarte porque nada mas ha sucedido.

Juan 5 relata que en Jerusalén había un estanque donde se creía que de tiempo en tiempo un ángel descendía, agitaba las aguas, y la primera persona que se lanzara en ellas recibía sanidad. Cuando Jesús llegó, encontró un hombre que durante 38 años estuvo esperando el milagro. Durante 38 años estuvo cerca del lugar. Durante 38 años esperó un milagro, sin embargo seguía igual. Cuando el

Maestro interactuó con él, preguntándole si quería ser sano, las palabras del hombre fueron las siguientes:

- *"no tengo quien me meta en el estanque cuando se agita el agua..."*

El Señor no le esta preguntando cual es su problema, sino que sólo interesando en presentarle su solución, pero el hombre lleva tanto tiempo en su condición que lo único que ha captado su enfoque ha sido precisamente su problema. Su excusa es que nadie le ayuda. Nadie le da una oportunidad. Nadie le da palabras de aliento. Nadie le extiende una mano. Entiende que no sigo hablando del paralitico. Hay quienes se han hundido en su situación de tal forma que no pueden darse cuenta que Jesús les esta diciendo que llego para darles lo que necesitan. Si tan solo cambiamos nuestra actitud, el milagro se nos puede ser revelado.

"Si crees veras la gloria de Dios"

Jesús nos enseñó la simpleza de los milagros en sus tres años y medio de ministerio. Nos reveló que no hace falta un grito fuerte, una audiencia grande ni un espectáculo para la realización de un milagro. Sólo hace falta una ACTITUD DE FE.

Cambia el enfoque. Deja de ver la multitud, las paredes, las imposibilidades que tienes de frente y entiende que el Señor está por obrar a tu favor.

O sea, se espera que un cáncer acabe con tu cuerpo,

pero con una actitud de fe, ella se convierte en el vehículo que te acerca a Dios y te trae tu milagro. Se supone que una parálisis te mantenga atado a una silla de ruedas, pero con una actitud de fe, ella se convierte en un testimonio desafiante para quien te ve y camina, pero no avanza.

Cuando comencemos a mirar las enfermedades de una manera diferente, ellas se hacen fáciles de sanar. Basta de enfocarnos en el dolor, y enfoquémonos en lo que ya se dijo de nosotros y lo que harían en nosotros.

"Cree

y

Muévete"

El Señor te dice CREE, y MUÉVETE. Rompe el techo. Métete entre la multitud. Enmudece las voces que te dicen que no puedes. Atraviesa lo desconocido y agarra tu milagro.

CAPITULO CINCO

Fe Que Gana

"...Y gastando todo lo que tenía..."

-Marcos 5:26, RV60

Cuando comencé a conocer y a servirle al Señor a mis 15 años de edad, ver milagros era algo a lo que me acostumbré a presenciar con regularidad en los servicios. En la mayoría de las reuniones a los que asistía, Dios nos visitaba y hacía de todo tipo de milagros y sanidades. Desde empastar muelas rotas, alargamiento de piernas y brazos cortos, levantar paralíticos y hasta devolverle la vista a los ciegos. No era extraño ver un milagro, al contrario, el día que no veíamos algo semejante nos sentíamos incompletos o insatisfechos.

Deseaba de alguna manera ser uno de esos que recibía un milagro por lo que siempre oraba por ello. No había servicio e el que yo no me acercara al altar esperando la oración del ministro y que a su vez Dios hiciera en mi como yo deseaba y le pedía.

Fueron muchas las veces en las que pensé que Dios sanaba por cierto orden en específico. Creía que Dios tocaba a las personas y les curaba por sus años en el evangelio, por su buen testimonio, o incluso por la cantidad de horas que le dedicaban a la oración.

Yo pensaba de esta manera, pues la religión te enseña que para poder recibir, primero debes dar. Para que Dios te sane, primero debes orar y ayunar. Que para que Dios te de algún llamado o ministerio, debes cumplir con ciertas cualidades y así entonces establecerte en algún tipo de función eclesiástica. Sin embargo la gracia no funciona así. Ella nunca se sujeta a ningún tipo de reloj cronológico, orden de llegada, ni manipulación humana. Ella sencillamente se manifiesta cuando el Dios Perfecto encuentra un corazón imperfecto y por amor lo alcanza y lo toca.

Recuerdo haber escuchado a cantidades de personas decirme qué tipo de cosas yo debía hacer para que Dios me sanara. Unos me decían que debía hacer un ayuno de 21 días corridos y entonces Dios me sanaría. Algunos me decían que *"Nos sentíamos insatisfechos el día que no veíamos un milagro"* de la única manera en que Dios me sanaría sería si yo me apartaba a orar en un monte a solas, allí entonces sería visitado por Él y como resultado recibiría mi sanidad. Otros me decían que no recibía un milagro porque no tenía suficiente fe y por consecuencia no agradaba a Dios.

Me habían presentado un sistema tan rigurosamente estructurado que me obligaba a HACER cosas para Dios y como resultado Él HARIA cosas por mi. Era toda una metodología y un procedimiento, casi como ritual que estaba diseñado para manipular a Dios y torcerle la mano para que obrara de la manera que quisiéramos, cuando la realidad es que estábamos muy lejos de la verdad.

Jesús llega precisamente para romper y alterar todo el sistema impuesto por los hombres y establecer el sistema del Reino. Uno que te permite comprar gratuitamente disfrutar de todos los beneficios como su hubieras sido tu el comprador legal. Isaías 55:1 declara:

-"*A todos los sedientos: Venid a las aguas; y los que no tienen dinero, venid, comprad y comed. Venid comprad sin dinero y sin precio, vino y eche*".

Es en Jesucristo que tenemos el beneficio de los milagros y las sanidades sin que nosotros hubiéramos pagado un centavo, pues Él ya lo pago todo en la cruz. Siempre hay abundancia para quien quiere más.

Ahora bien, Marcos nos presenta en el escenario a una mujer que durante doce años invirtió absolutamente todo lo que tenía buscando la restauración de su salud. Fueron una docena de años visitando a los médicos de su tiempo con sus expectativas por las nubes, pero cada visitación le resultaba en lo mismo, absolutamente nada.

Dos cosas podían estar sucediendo con sus médicos; sinceramente trataban de ayudarla o simplemente se aprovechaban de su situación le robaban su dinero. De hecho al leer los putos de perspectiva de Marcos y Lucas, te das cuenta de que el primero no esta muy convencido de que los especialistas le trataban de ayudar, pero el segundo, que si era medico, los entiende un poco mejor, estableciendo que por ninguno había sido sanada.

Es lamentable que en nuestros tiempos se nos son "*vendidos*" los milagros. Unos nos dicen que debeos pactar para ser sanados, mientras que otros nos presentan sus métodos como establecimos anteriormente. El abuso del sistema no se ha quedado en los tiempos de esta mujer, sino que aún al día de hoy sufrimos de sus abusos.

El escritor tiene la intención de hacernos sensibles ante la situación de esta pobre mujer, presentándonosla completamente desamparada por la ciencia y abusada económicamente por el sistema.

"Siempre hay abundancia para quien quieres más"

Yo sé que puedo tener a alguien que al leer la historia de esta mujer entiende que de igual forma el sistema les ha defraudado a ellos. Porque este "*sistema*" te presenta todas las opciones y los requerimientos necesarios para recibir un milagro, y cómo fuera de ello es imposible recibir, sin embargo, el reino de Dios nunca nos presentó un sistema, tampoco nos presentó un formato, sino que solamente nos presentó un solo vehículo, la fe.

Es la fe la que permite que esta mujer decida desligarse del sistema presentado por los hombres y se atreva incluso a romper con las leyes y la cultura de su tiempo para detener a Jesús en medio de la cruzada de milagros que está teniendo. Ella no tiene espacio, derecho ni lugar para estar metida entre la multitud, sin embargo, su fe le dice que la única opción que ella tiene es tocar a aquel que presenta un reino completamente diferente al que los hombres le han implantado.

Es la fe de esta mujer la que le permite sacar fuerzas de donde no tiene. Póngase por un momento en los zapatos de esta mujer. Lleva doce años sufriendo de una hemorragia, que puede que durante todo ese tiempo fuera y viniera o sencillamente fluye sin detenerse. Debe haber un cansancio y agotamiento y de igual forma sus plaquetas deben estar bajas y disminuido a diario, de tal forma que se le debe hacer casi imposible sostenerse de pie y mucho menos andar caminando. Pero su fe se está convirtiendo en el combustible y vehículo que le lleva romper y desafiar a todas las leyes naturales y religiosas de su tiempo y procurar algún milagro.

Como he dicho anteriormente *"La fe no niega la realidad, pero sí la desafía"*. Lo único que la fe le esta diciendo a la mujer es lánzate, atrévete, muévete y arriésgate. Es lo que la fe te grita amado:
-¡Lánzate en fe!

La fe siempre va a presentar actos de confianza.

Observamos por un momento los milagros de Jesús, y su petición a los necesitados era precisamente que hacían lo que no podían hacer. *"Levántate"*. *"Preséntate al sacerdote"*. *"Extiende tu mano"*. Pues la fe siempre te lleva actuar.

Cuando tenía la edad de   anos, los especialistas ortopedas anduvieron a ponerme unos braces/ganchos en mis piernas para impedir que la condición de mis rodillas empeorara. Por lo que durante unos doce años de mi vida los usé. Quizás durante los primeros años me los ponía sobre los pantalones, hasta que descubrí que me los podía esconder debajo de ellos y así los niños no se burlarían de mi. Me acostumbre a tener que ponérmelos todas las mañanas tan pronto despertara y a las noches antes de dormir me los debía quitar. Fue mi rutina diaria por 12 años.

Al entregarle mi vida al Señor a mis quince años, comencé a escuchar hablar tanto de la fe, que ella se activó en mi de tal forma que podía creer a ojos cerrados cualquier cosa de parte del Señor. Comencé a predicar a mis 17 años, y por gracia del Señor comencé a viajar a diferentes partes anunciando a Cristo y compartiendo parte de mi testimonio. Pero la rutina de ponerme y quitarme diariamente aquellos aparatos me estaba cansando, y una mañana *"La fe no niega la realidad, pero sí la desafía"* mientras oraba y hablaba con el Señor, recuerdo decirle que yo le creía. Confiaba e sus promesas y estaba a dispuesto a hacer cualquier cosa ara mostrare mi fe y que actuaria de acuerdo a ella. Mientras un oraba puse mis manos sobre mis rodillas y poco a poco comencé a quitarme aquellos ganchos y mientras o hacia le decía al Señor:

-"*Yo te creo. Yo confío en ti. Si me vas a sanar, no necesitas de estos aparatos*". Al quitármelos los arroje dentro del armario hasta olvidarme de ellos. Se me hizo difícil acostumbrarme a vivir sin ellos, pero por otra parte algo dentro de mi se rompió. Se rompió la dependencia al sistema, y floreció la dependencia en el Señor.

Mientras escribo estas letras aun vivo con las condiciones de salud, pero mi fe sigue inquebrantable. La confianza sigue siendo igual en mi Sanador.

Esta mujer lo intento casi todo, ahora le quedaba lo último, moverse en fe. Fíjate que no fue hasta que sus recursos acabaron y llegaron a su limite que ella no actuó en fe.

A veces la excusa de Dios para dártelo TODO, es primero quitándote TODO. ¿Cómo reaccionarías al enterarte que la estrategia Dios para bendecirte sería precisamente llevándote a la bancarrota? Gastar hasta el último centavo y quedarte con nada...

En Dios toda PERDIDA se convierte en GANANCIA. Él convierte la MUERTE en VIDA. Él convierte la POBREZA en RIQUEZA. Él CONVIERTE lo ESTERIL en FRUCTIFERO. Antes de obtener grandeza, Él te permite conocer la prueba y dentro de ella te revela su poder milagroso.

Dios tiene la capacidad de:

- Tomar un Job que lo pierde TODO, y le devuelve TODO multiplicado.

- Tomar a un Abraham que SALE de su TIERRA y lo convierte en PADRE de multitudes.
- Tomar a un Moisés que abandona el PALACIO y le entrega a todo un PUEBLO.
- TOMAR a un Sansón que PIERDE todas sus FUERAS y le devuelve el PODER para vencer a todos sus enemigos en un INSTANTE
- TOMAR a un Gedeón que pierde a 31,700 hombres INCORRECTOS para quedarse con tan solo unos 300 hombres CORRECTOS y TRIFAR sobre sus adversarios.

"Muéstrame la MAGNITUD de tu ADVERSIDAD y te diré cual es el tamaño de tu PROSPERIDAD."

"En Dios toda pérdida se convierte en aanancia"

Es posible que hayas perdido muchísimo en esta ultima temporada, pero te tengo noticias; *"Vienen das mejores"*. Así como perdiste mucho en esta temporada, también recibirás mucho mas.

Esta mujer ha perdido lo necesario para recibir lo necesario. Debes entender que hasta que no pierdas aquello que ocupa el lugar de lo que necesitas no podrás recibir lo que necesitas. Son pérdidas que producen ganancias. Y debo anunciarte de parte de Dios que Él esta abriendo el espacio para tu milagro. Es por eso que muchos te dejaron. Oportunidades se perdieron. Puertas se cerraron, e incluso las fuerzas se te agotaron, porque Dios acabó tus recursos humanos para revelarte Sus recursos divinos.

Esta mujer hizo todo lo que pudo con lo que tenía, pero le faltaba que Jesús hiciera por ella lo que por sí misma no podía hacer.

La fe tiene la capacidad de activar el favor de Dios sobre tu vida. Ella te permite recibir. Ella te permite ver. Ella te permite abrazar.

¡Activa tu fe!

CAPITULO SEIS

Fe Diseñada

"...Y en tu libro estaban escritas todas aquellas cosas que fueron luego formadas."

-Salmo 139:16, RV60

No lo entendía. No podía encontrarle propósito ni motivo alguno a lo que estaba viviendo y mucho menos a lo que mis ojos acababan de ver. No encontraba sentido a lo que experimentaba en aquel entonces...

Terminaba de predicar en un servicio de Acción de Gracias, para el cual había sido invitado para compartir y predicar la palabra junto con mi testimonio. Llevaba años acostumbrado a dedicarle al Señor las primeras horas de la mañana de este día festivo. Fuese invitado a predicar o sencillamente fuese a congregarme, era algo que desde pequeño habían inculcado en mi. Era una muestra de agradecimiento a Dios. Y allí estaba, con manos levantadas sobre la congregación, elevando mi oración al Padre por una manifestación de milagros. Comencé a darle orden las enfermedades y dolencias a que abandonaran los cuerpos de mis hermanos allí reunidos. Empecé a mencionar nombres de enfermedades, cuando de pronto escuché un grito. Me parecía como una exclamación de desesperación. Era una hermana tocada por la mano de Dios. De pronto cayó al suelo y me acerqué. La encontré llorando y dándole gracias a Dios. Yo no sabía qué acababa de acontecer, por lo que le pregunté:

- *"Hermana, ¿está usted bien?"*

A lo que ella exclamó con una sonrisa que no cabía en su rostro:

- *"¡Estoy sana! El Señor me acaba de sanar. Yo llevaba quince con una condición en mi columna vertebral. Tomaba diariamente mas de veinte diferentes tipos de medicamentos para el dolor y los síntomas. No podía estar mas de cinco minutos sentada, tampoco mas de cinco minutos de pie. Vivía con un constante dolor. Y cuando usted comenzó a orar, yo le creí al Señor. Creí que me sanaría. Cuando de momento sentí que me cortaron en mi espalda y pude sentir como una mano entró y arrancó algo de mi. ¡Estoy sana!"*

"¡Estoy sana! Gritaba la mujer"

Yo me quedé sorprendido y junto a los hermanos de

la congregación glorifiqué al Señor. Varios hermanos, de igual manera testificaron de sus milagros recibidos y cómo Dios había operado en ellos. Pero mientras todos agradecían a Dios, en mi mente comencé a cuestionarle. No Su poder sanador, sino Su elección de personas que sanaría.

Yo no era un novato en estos asuntos. Llevaba aproximadamente unos siete años predicando en diferentes partes. Los milagros tampoco eran algo nuevo para mi, pero este en especifico me comenzó a trabajar fuertemente por la temporada en la que yo estaba viviendo.

Me encontraba en un encierro emocional y espiritual. Ministraba de algunas cuatro a seis veces por semana. Imponía las manos sobre los enfermos. Oraba por los hermanos. Exhortaba a la búsqueda del Señor, pero yo estaba frustrado. Así como lo lees, FRUSTRADO. No entendía cómo era que Dios me usara para sanar a otros, pero que a mi no me sanara todavía. Yo le servía y hacía todo como me decía, pero no me daba mi milagro.

En esos meses había orado por un matrimonio joven. Yo no les conocía ni sabía quienes eran. Cuando de momento frente a ellos comencé a ver un bebé. Nunca me había sucedido algo semejante. Me quedé asombrado, cuando de pronto escuché la voz del Espíritu Santo que me dijo:

- *"Diles que Yo cancelo lo que el médico les dijo. Anulo su diagnostico. Le quito la esterilidad y les entrego el hijo que me piden."*

(Puedo testificar que tiempo después los encontré con la criatura en sus brazos. El milagro se les dio).

Cuando comencé a ver a Dios hacer las cosas que hace y de la manera en las que las hace, comencé a verle propósito al dolor de las enfermedades. Porque aunque llegaba a la casa adolorido y listo para medicarme después de predicar, en mi había una satisfacción que opacaba todo lo anterior.

A veces nos encontramos tan hundidos dentro del dolor de nuestras pruebas que, no nos damos cuenta de dos cosas:

1. Hay otros pasándola peor que nosotros.
2. Otros están siendo bendecidos a través de nosotros.

Semanalmente nos llegan diferentes tipos de testimonios de

"Y me dijo: Diles que Yo cancelo lo que el médico les dijo"

personas que estuvieron en los servicios donde estuvimos compartiendo la palabra, y nos relatan como sin imponerles manos, ellos recibieron un milagro. Otros nos escriben contándonos de cómo ellos saben que Dios les está llamando a que le sirvan en algún ministerio, y no lo habían hecho porque tenían cientos de excusas, pero de momento nos vieron y fueron desafiados.

En el momento que escribo este libro tengo 28 años de edad y ahora es que puedo ver con claridad el diseño de

Dios. Los dolores tienen sentido. Las enfermedades tienen sentido. Todo lo que hemos vivido tiene sentido en Dios. Imagina de momento a un Job que le sirve a Dios. Le teme. Le busca. Le hace sacrificios diarios por él y los suyos, y no es hasta que vive a temporada de dolor mas fuerte de su vida que, sus ojos son abiertos y ve a Dios con precisión y puede declarar:

- *"De oídas te había oído; mas ahora mis ojos te ven"* (Job 42:5, RVR60).

-

Dios tiene esta única capacidad de tomar las situaciones mas adversas de nuestras vidas, darles un giro de 180 grados en la dirección contraria y hacer que nos obren para bien. Él toma las pruebas, las enfermedades y las adversidades como herramientas de crecimiento y productores de madurez espiritual para nosotros. Usa el dolor como el acelerador y formador de la fuerza.

El levantamiento de pesas es excelente ejemplo de ello. Mientras mas peso le añades a lo que levantas, mas dolor se produce en tus músculos, que permite que ellos comiencen a estirarse y expandirse. Si el peso es el mismo, nada crece, pero cuando le aumentas, todo lo demás como resultado comienza a desarrollarse.

Actívate

Escuché que una de las razones por las cuales el estado de California es mas conocido, es por la cantidad de fuegos forestales que se desatan al año. En el año 2018 el mismo día que acabó la temporada de fuegos, se desató uno que acabo con grandes cantidades de acre de terrenos. Se perdieron propiedades, tierras, e incluso la vida de muchas personas también. Mientras unos hombres luchaban por extinguir aquellas llamas, otros se encontraba en el proceso de recuperación y reestructuración de aquellas tierras. Cuando comenzaron a quitar escombros y remover lo quemado por el fuego, comenzaron a encontrar semillas de pinos sepultadas bajo tierra. Encontrar semillas parece ser algo normal, pero esto no lo era, ya que al hacer los estudios necesarios a ellas, se dieron cuenta del tiempo que llevaban sepultadas debajo de la tierra. Aproximadamente cuatrocientos años.

"Usa el dolor como el acelerador y formador de la fuerza"

En el momento en que escucho la cantidad de años, en mi se despierta una curiosidad e interrogativa. Necesito saber lo siguiente: ¿Qué es lo que una semilla necesita para germinar?

Tres cosas:

1. Agua
2. Sol
3. Tierra

Es básico y elemental conocer este principio, pero, si las semillas llevaban cerca de cuatrocientos años sepultadas con tierra, sol y agua, ¿por qué nunca germinaron, ni activaron su propósito?

Estos hombres tenían las mismas dudas, por lo que continuaron estudiando aquellas muestras, para darse cuenta y aprender que precisamente estas semillas de pino solamente activaban a través de las altas temperaturas. Lo que les daba a entender que, cuando los fuegos forestales llegaron, mataron y consumieron todo lo que se veía sobre la superficie, pero la intensidad de su calor comenzó a despertar algo dormido bajo tierra.

Si no hubiera sido por los fuegos forestales y la intensidad de su calor, aquellas semillas hubieran pasado toda su existencia dormidas y quietas. Si lo que viviste no te mató, es porque despertó algo nuevo en tu. Si no te hizo retroceder, es porque te hizo avanzar.

Absolutamente nada de lo que estas viviendo ha tomado a Dios por sorpresa. Ni lo mas mínimo lo ha impresionado. Pues cuando diseñó tu vida te dio las especificaciones que necesitabas para los escenarios que enfrentarías. Él te ha dado entrada a tus desiertos y le ha dado permiso a ellos para que en este tiempo presenten en ti la identidad del propósito que encerró en tu espíritu.

Esta palabra es para ti. Dios te creo con la resistencia necesaria para soportar lo que hoy estas viviendo y te dio la fe que necesitarías para creerle a Él por encima de todo.

Dios te moldeó con las especificaciones y medidas necesarias para encerrar y cargar la fe que mueve montanas, que levanta muertos, que devuelve la vista al ciego, que hace el hacha otra y que cree en lo imposible.

Esto que hoy te ha sobrevenido ya fue escrito en la eternidad por Dios, por lo que, Él anunció tu victoria, tu milagro y tu triunfo. Entonces, ¿por qué te preocupas por algo que ya se dijo que era temporero y que caducaría luego de entregarte experiencia y victoria? ¿Por qué te empeñas en querer abandonar una prueba que con facilidad podrías resistir? Recuerda que toda prueba que llega es humanamente soportable.

Tu crisis no tomó a Dios por sorpresa. Tu enfermedad no tomó a Dios por sorpresa. Tu prueba no tomó a Dios por sorpresa. Tu problema no tomó a Dios por sorpresa... Entonces, ¿porque desesperarte por algo para lo que te equiparon de antemano para enfrentar y resistir?

"Si no te hizo retroceder, es porque te hizo avanzar"

En el libro de tu historia, te aseguro que encontrarás tu victoria y éxito ya escrito. Creo que si el Eterno nos diera la oportunidad de leer lo que Él ya escribió de nosotros, tendríamos paz y certeza. De hecho, ya nos lo ha dicho, pues cada vez que Él nos habla, todo lo que nos dice es de acuerdo a nuestro futuro, y no de acuerdo a nuestro pasado ni presente.

Es por eso, que si me habló de mi mañana, no puede morir en mi hoy. Si dijo que en mi mañana seré sanado, en mi presente la enfermedad no terminará conmigo. Si dijo ya que en mi mañana seré prosperado, en mi presente la miseria ni la pobreza acabaran con mi vida. Él vio tu mañana y te anuncia que todo obrará para tu bien Solo te dice:

"Aguanta y Resiste".

CAPITULO SIETE

Fe Visionaria

"El entonces, arrojando su capa, se levantó y vino a Jesús"

-Marcos 10:50, RV60

*S*e detuvo. Pudo continuar su camino. Pudo haberlo ignorado. Pudo haber sanado a tantos otros, pero SE DETUVO. Hay una multitud siguiéndole, hay gritos y bullicio por todas partes, pero hubo un clamor lo suficientemente poderoso para hacer que el maestro pusiera su agenda en pausa y supliese la necesidad de uno que gritaba más fuerte.

Toma un momento y reflexiona. No son veinte ni cien personas siguiendo a Jesús, y mucho menos son cinco voces que él escucha hablar a una sola vez, son cientos y miles esperando recibir algo. En la multiplicación de los panes y los peces, los evangelios cuentan cinco mil hombres, excluyendo a mujeres y niños. Los exégetas calculan un aproximado de trece mil personas detrás del Maestro. Bartimeo se encontraba junto al camino sentado. La Pascua estaba por celebrarse dentro de pocos días por lo que las multitudes transitaban hacia Jerusalén para celebrarla, y el ciego se encontraba justo en su trayectoria. Esto le daba una gran oportunidad de recibir una mayor cantidad de limosnas.

Ahora, imagina una multitud semejante a esta, gritando y hablando a la vez. Están camino a Jerusalén, pero tienen delante al hacedor de milagros. ¿Cómo no gritar de emoción? ¿Mantenerse callados mientras se puede recibir un milagro? Y entre tantas voces Jesús distingue un clamor en específico: *"Hijo de David, ¡ten misericordia de mí!"*. Es el clamor de uno que está cansado de su enfermedad, y está listo para recibir un milagro. Es el clamor de uno que está decidido a abandonar aquel lugar. El clamor como de un hijo esperando a que papi le preste atención.

"Pudo haber sanado a otros, pero se Detuvo"

Se trata de Bartimeo, hijo de Timeo. Los evangelios sinópticos relatan la misma historia, pero solo Marcos le da importancia a la identidad de este hombre. Posiblemente el otro hombre era más silencioso que Bartimeo por lo que a él no se le da la misma importancia. Este ciego está gritando con desesperación hasta ser escuchando. ¿Cuánto estaremos dispuestos a gritar hasta ser escuchado o notados por el Señor? ¿Cuál es nuestro nivel de desesperación e insistencia? Bartimeo está rompiendo las barreras necesarias hasta poder recibir lo que necesita.

A pesar de que la vista de Bartimeo había sido trastocada, su audición había reenfocado hacia lo correcto, porque escuchó hablar de Jesús. Posiblemente escuchó que Jesús les limpió la piel a los leprosos, a lo mejor escuchó que el mudo habló y gritó o posiblemente que el mar y el viento obedecieron su voz. No sé qué fue lo que escuchó, pero fue lo suficientemente poderoso y convincente para que la fe de este pobre ciego se activara de tal forma de insistir por su milagro.

¿Te has dado cuenta como hay personas que lo único que ven en sus vidas es crisis, dolor, enfermedad, muerte y todo es negativo? ¿Los has escuchado hablar? Lo único que hablan es exactamente lo mismo que viven y cuando buscas la raíz de su lenguaje te das cuenta que hablan como hablan a causa de aquello que primero escucharon. Un bebé no dice "*mamá* o *papá*" si primero mami o papi no le repetían lo mismo una y otra vez. De igual forma repetimos con nuestros labios aquello que escuchamos a otros hablar una y otra vez. Prendemos el noticiero y lo único que escuchamos hablar es muerte, crisis y enfermedades, nuestro corazón se llena de ello y lo repetimos nuevamente en nuestras vidas de tal forma que comenzamos a aceptarlo como una verdad definitiva en nuestras vidas.

Entonces nuestro lenguaje se ajusta y acopla al

lenguaje terrenal dándonos como fruto aquello que primero declaramos. El Predicador dijo: "*La muerte y la vida están en el poder de la lengua, y el que la ama comerá de sus frutos*" (Proverbios 18:21 RV60). No es que es tan mala persona que todo lo malo le tiene que suceder, es que se ha atado con los dichos de su boca sin darse cuenta que sus en labios hay vida y muerte y si no sabe utilizarlo correctamente matará el destino que le prepararon.

Yo te aseguro que tu lenguaje cambiará el día en que converses y prestes tus oídos a las personas correctas. Conéctate con un hombre o una mujer de Dios que habla lenguaje divino y te aseguro que tu lenguaje también cambiará. En vez de ver muerte verás vida. En vez de ver crisis verás prosperidad. En vez de ver enfermedad verás sanidad. Cambia de sintonía, conéctate a la frecuencia del Espíritu y el fruto que comerás será vida.

Bartimeo no grita cualquier cosa, él clama al nombre y a la identidad de Jesús. Tres nombres o títulos le está dando Bartimeo al gritar: "*Jesús, Hijo de David y Maestro*". El ciego clama a la "*humanidad*" (Jesús), al "*linaje*" (Hijo de David) y a su "*cargo*" (Maestro). Observe la gran paradoja de este relato: "*El ciego tiene más visión que los videntes*". Bartimeo reconoce que el Señor puede entender su humanidad como Jesús hombre. Puede restaurar su vida Redentor prometido del linaje de David y puede instruir su

"Lo que escuchó fue lo suficiente poderoso para activar su fe"

vida como *"Rabboni"*, (Mi Maestro). Quien no tiene vista, ahora tiene suficiente visión para darse cuenta que aquél de quien había escuchado hablar es la promesa manifestada en carne y no perdería la oportunidad de ser sanado por nada en la vida.

Jesús no lo reprende, ni le impide a Bartimeo llamarle por su linaje real, sino permite que la fe de este hombre brote por sus poros y clame por la promesa hecha a sus padres. Es interesante notar que lo que este hombre había escuchado hablar de Jesús era tan convincente que le hace creer que su milagro era posible, aunque no podía verlo. Esta es la única vez que Marcos en su evangelio revela que alguien llamase a Jesús de esta forma, y Él lo acepta.

Jesús distingue la voz de uno que tiene una fe insistente y se detiene. Ahora, Bartimeo era mendigo. Clamaba a la gente por su buen corazón y caridad. El manto, era el permiso legal que el gobierno le otorgaba a cualquier mendigo para que pudiese estar en ciertas áreas pidiendo. Posiblemente era de algún color en específico, líneas o algo que semejante. Cuando las personas veían el manto, eso les daba la señal que dicha persona era mendigo y estaba en la peor etapa de su vida. El manto representaba el derecho legal, pero también la evidencia de su infortunio. Con el manto podía pedir ayuda, pero también se revelaba su condición. Él debía acostarse sobre el manto para que la gente entendiera que era dependiente del gobierno y de los hombres.

El manto siempre revelará tu condición y te hará dependiente de los hombres. El manto siempre te dirá cuán necesitado eres, cuán débil eres, y cuán desamparado estás. Posiblemente el manto revela tus años de divorcio, tu ministerio fracasado, tus hijos abandonados, tu padre abusivo, tu economía por el suelo y tu necesidad de las personas.

Bartimeo no puede ocultar su realidad. Su realidad lo revela como un ciego mendigo. Las personas lo pueden distinguir por ello. Pero hay dos cosas que él también conoce. Lo primero es la cultura. Marcos es el único de los evangelios sinópticos que revela el nombre del ciego como Bartimeo hijo de Timeo. Bartimeo en sí mismo significa "Hijo de Timeo", o *"Hijo de Honra"*, entonces pareciera que Marcos, escribiendo a los gentiles, les refresca la mente y hace conocer el significado de su nombre. Les revela que el *"Hijo de honra"* ha perdido precisamente su honra estando en su peor condición. No era conocido solo por su nombre, sino también por su condición. Bartimeo el ciego. La sociedad no solo lo reconocía por su nombre de nacimiento, sino también por su apodo. Parece que a Marcos le es importante compartirle a sus lectores la identidad del ciego, ya que posiblemente este era conocido. En todo su evangelio, el escritor solo menciona los nombres de dos de los beneficiarios de los milagros del Señor, Jairo y Bartimeo ya que, entre los gentiles, era probable que ya los conocieran.

"El manto siempre revelará tu condición"

Una cosa es que te conozcan por tu nombre y otra es que lo hagan por algún apodo que revela tu condición. Lo que su ceguera revelaba era también su pobreza, ya que ella le hacía dependiente de lo que otros podían hacer por él.

Su nombre lo liga a su cultura, pero su sangre lo liga a su identidad. La cultura lo identificaba con su nombre griego, aunque era judío y le era un constante recordatorio que, aunque su nombre hablaba de "*honra*", toda su vida hablaba lo contrario. Deshonra es lo que vive. ¿No te ha sucedido que lo que ves a diario es completamente lo contrario a lo que un día se te prometió? Te hablaron de milagros y vives enfermedades. Te prometieron abundancia y vives en escasez. Ahora, su identidad habla de algo aún más poderoso. Su identidad está ligada a su ADN y consecutivamente su sangre. Sangre de israelita que lo hace hijo, pueblo, y linaje de Dios. Y es específicamente a esto que Bartimeo se aferra, a la promesa hecha al linaje de David, la promesa al pueblo de Dios.

Bartimeo grita el nombre de Jesús. Una de las condiciones para que algún mendigo pudiese pedir era que, al recibir alguna limosna, quien la daba debía decir su nombre para que el mendigo gritara su nombre y le reconociese por su "*buen corazón*" y "*caridad*". ¿Qué opinaría la sociedad de la gente "*buena*" que da de lo mucho que tiene a los necesitados? ¿Cómo llamarían a quienes ayudan a los mendigos? La sociedad los llamaría héroes o buen samaritanos. Hipócritas. Así llamaría Jesús a muchos de ellos. Ya que muchos de los que daban por "*caridad*", la única intención que tenían era estar en la boca de la gente. Anhelaban ser expuestos ante la sociedad como buenas personas, cuando la verdad era que eran hipócritas, aprovechándose de la infortuna de los más necesitados para levantar y exaltar su propio ego.

Mas, sin embargo, el ciego Bartimeo está gritando y clamando el nombre de uno que no le ha dado una limosna y mucho menos se le ha acercado. *"Este hombre grita como si lo hubiese recibido todo"* Este hombre grita como si hubiese recibido la limosna mas grande de su vida. Grita como que ya ha recibido su milagro y sanidad. Esto es Actitud de fe. Pudo haber guardado silencio cuando los discípulos de Jesús le mandaban que hiciera silencio, pero no, La actitud de este hombre es tan sorprenderte, porque físicamente no hay cosa alguna que él pudiera hacer para acercarse a Jesús, pero su voz puede llegar tan lejos como su fe puede creer. Su vista le impide ver el camino hacia Jesús, pero su visión le hacer verlo de frente. Su vista le dice que no, mientras que su visión le dice que sí. Su vista le dice imposible, pero su visión le dice todo es posible.

Es tal la fe de este hombre, que mientras uno de sus sentidos ha dejado de funcionar, dos de ellos se ponen de acuerdo para hacerle recibir su restauración completa. No ve, pero escuchó lo suficiente para creer, y su fe la hace gritar tan fuerte hasta ser escuchado.

No sé por qué o para qué tienes que gritar, pero hazlo hasta que te escuchen. Hazlo hasta que te vean. Grita hasta que te noten. Te aseguro que Dios está pendiente a tu clamor, y tan pronto pidas con fe Él te responderá.

"Ten confianza; levántate, te llama." (v.49, RV60). Tres declaraciones se le hacen a Bartimeo. Estas mismas palabras aparecen en siete ocasiones en el Nuevo Testamento, y todas de los labios de Jesús, excepto en esta ocasión, pero son vinculadas con el Señor.

1- Ten Confianza: Usa la palabra griega *"tharseō"* que significa *"alégrate"*. Le están dando esperanzas de que algo le está por acontecer.

2- Levántate: Usa la palabra griega *"egeirō"* que literalmente significa *"Recoger tus facultades"*

3- Te Llama: Interesante, porque, aunque ya es una frase conocida, encierra poder en sí misma al entender que, *"Te reconoce"*. *"Te escuchó y ahora te pide que te presentes delante de Él"*.

Entienda el valor y el significado que estas palabras deben tener para Bartimeo, porque lo conocían como el ciego limosnero, pero ahora los discípulos que intentaban callarlo le ayudan. ¿No te parece curioso como Dios utilizará para levantarte incluso a aquellos que intentaron callarte y mantenerte abajo? Ellos le están diciendo, *"Alégrate, ten esperanza y expectativa. Recoge lo que tienes porque Él te reconoció y pide tu presencia."* No se si esto te emociona, pero a mi sí. Saber que valió la pena gritar. Posiblemente lo vieron alborotoso o fuera de lugar, pero Jesús lo reconoció como uno que tuvo la suficiente fe para gritar por encima de los bullicios de la multitud, por encima de las amenazas de quienes intentaban controlarlo y callarlo, hasta llegar al punto de ser reconocido, por quien él considera su *"Rabboni"*. Pudo haber dicho tan solo *"Rabbi"* llamándolo Maestro, pero lo hace muy personal llamándolo su propio maestro, *"Mi Maestro"*.

Cuando se levantó, el texto declara uno de los actos de fe más grandes que este hombre pudo haber hecho, *"arrojó su capa"*. Quien dependía de su capa para pedir la bondad de la sociedad, cuando se entera que tiene su milagro de frente, su actitud de fe es la siguiente: *"No necesito aquello que me ata a mi enfermedad y dependencia humana"*. Para un mendigo, la *"Alégrate, ten esperanza y expectativa"* capa era muy significativa como dije anteriormente. Este era el permiso legal que le otorgaba el gobierno y el estar sobre ella recostado revelaba su necesidad humana. Para Bartimeo, la capa representaba la prenda mas valiosa en su posesión, y también su condición de ciego, pero su fe lo único que le grita es: *"ya no la necesitas"*.

¿Cuál es la actitud que tienes cuando la presencia de Dios está delante de ti? ¿Te aferras tan fuertemente de tu enfermedad que no te atreves a moverte, o sueltas lo necesario para recibir lo que es tuyo?

Bartimeo suelta su dependencia de los hombres para

sostenerse de la abundancia de Dios. Se aferra a la esperanza de salvación y restauración hecha a sus padres. La capa era el derecho legal del gobierno, pero Jesús trae consigo los milagros que son el derecho legal de los hijos de Dios.

Tienes derechos como hijo del Rey. La liberación es tuya. El milagro es tuyo. La prosperidad tiene tu nombre. La abundancia del cielo está a tu disposición. Ponle nombre a lo que estas necesitando que el maestro haga a tu favor.

Jesús le hace una sola pregunta que parece muy obvia su respuesta:

- *"¿Qué quieres que haga por ti?"*

Obvio que Jesús sabe que Bartimeo anhela recibir su vista, pero hay dos cosas que son reveladas.

Primero, ¿cuál es su corazón? Bartimeo pudo haber pedido como Juan y Jacobo, estar sentado al lado del maestro en su reino. Pudo haber pedido que la abundancia del cielo rebosara sobre él. Pero su sola petición encierra el deseo verdadero, ya que su acción revela su intención. Pide la vista, ¿para qué? Para seguir a Jesús en el camino. No sé para qué le pides a Dios lo que le pides, pero procura que tu intención sea seguirle.

Lo segundo, es que Jesús declare con su boca su milagro. Ponle nombre a aquello que deseas ver. Ponle etiqueta de milagro a lo que esperas que Dios haga en tu casa, matrimonio y ministerio.

Acostumbrados a la Enfermedad

Hubo milagros hechos por Jesús, no solo para beneficiar a los enfermos, sino también darles una enseñanza a sus discípulos. Tal es el caso de otro ciego relatado en Marcos 8. En esta ocasión uno que es llevado a Jesús por sus amigos en Betsaida. Anterior a este milagro, el maestro sanó a un sordo mudo y alimentó a toda una multitud de aproximadamente trece mil personas. Él estaba enseñando ser quien desata el entendimiento y la multiplicación, mas ahora usa a un ciego para abrir figuradamente los ojos de sus discípulos. Ya había abierto sus oídos y el entendimiento, ahora necesitaba abrirles los ojos para que vieran y conocieran la verdad. Físicamente eran videntes, pero ciegos espirituales.

"¿Será posible que creyendo ver estemos ciegos?"

¿Será posible que creyendo ver estemos ciegos? Pensando conocer, cuando la verdad es que la religión nos cegó a la verdad e hizo creer y aceptar una mentira. El apóstol Pablo dijo:

- *"Pero cuando se conviertan al Señor, el velo se quitará."* (2 Corintios 3:16, RV60).

Jesús pide a sus *hijos espirituales* a no ser contaminados con la levadura de los fariseos, la hipocresía.

Por tres razones eran hipócritas los fariseos:

1. *Se creían mas justos que los demás y trataban con desprecio a los demás.*
2. *Trataban de impresionar con exhibiciones de fervor religioso.*
3. *Inventaron reglas y tradiciones y volvieron la ley en agobiante carga.*

Jesús les advertía a que cuidaran sus corazones y no se convirtieran de tal forma, sino que abrieran sus ojos a la verdad. Y observe la forma en que decide sanar a este pobre hombre. Sus amigos, con fe, al igual que el mismo ciego, llegan al maestro con su necesidad presente. Urgencia de un milagro. Ellos están en Betsaida, la tierra de dos de los discípulos de Jesús. Betsaida formaba una pieza clave en el ministerio de Jesús.

Ahora, la pregunta es la siguiente, ¿porqué Jesús saca al ciego de la aldea para sanarlo? ¿Porqué no lo sanó en su mismo hogar o pueblo? ¿Cuál es la necesidad de hacerle salir de su aldea para sanarlo? Jesús está desafiando los sentidos y la fe de este hombre. La escritura no da el detalle de cuánto tiempo este hombre estuvo ciego, ya que se cree que no lo era de nacimiento. Lleva años enfermo, por lo que sabe lo que es sobrevivir con dicha enfermedad.

Mi abuelita, por desgracia perdió su vista hacen unos años. Indudablemente es una mujer de fe. Vive sirviéndole al Señor y orando por el cuerpo de Cristo. Leva los últimos años de su vida viviendo en su casa en el campo de Lares, Puerto Rico. Pero algo curioso que he notado en ella, es que ella nunca ha visto la casa en que vive, pero la conoce de techo a piso. Ella conoce sus cuatro habitaciones, dos baños, sala, cocina y comedor como si ella misma los hubiera diseñado y ordenado. ¿Porqué? Sencillo, cuando su vista falló, sus otros sentidos se agudizaron. La audición y el tacto específicamente crecieron de tal forma que en su mente se ha registrado un mapa tridimensional.

Ella sabe que, si se levante de su esquina de la cama, camina hasta el borde y gira a la izquierda llega a su baño. Si sale y gira a la derecha, tiene la puerta de frente y al pasarla a mano izquierda tiene la cocina y el comedor y del lado posterior tiene la sala con otras dos habitaciones más. Ella *"Muchos se* entiende que, si se para frente a la *acostumbran a su* estufa, sobre su cabeza tiene los *enfermedad"* condimentos para cocinar y debajo de la estufa a mano izquierda en los gabinetes tiene todas las ollas que necesita. Ella ha vivido tanto tiempo con la enfermedad que se acostumbró a vivir con ella que puede subsistir de igual forma.

Jesús sabe que el ciego que le es presentado conoce muy bien su ambiente. Este hombre conoce su tierra y aldea, pero para poder recibir lo que no tiene, debe salir a donde no conoce. Jesús desafía los sentidos del hombre, activando su fe en lo desconocido.

A veces Dios te separará de personas y lugares que tu conocías, posiblemente creyendo que con ellos o a través de ellos lograrías obtener lo que necesitas. Sistemas que no te dieron nada, y Dios te separa de ellos. Compañía que no te añade, sino que te resta, y Dios te separa de ella. Tierras que no dieron fruto por su esterilidad, y Dios te separa de ellas.

Prepárate para que Dios sacuda tu comodidad y desafíe tu fe.

CAPITULO NUEVE

Actitud de Fe

"La fe es... certeza y convicción..."

-Hebreos 11:1, RV60

Mi familia y yo fuimos criados en un ambiente donde ver milagros y liberaciones no era algo extraño. Estábamos acostumbrados a ver todo tipo de sanidades. Desde paralíticos levantarse y caminar, como ver ciegos recobrar la vista. Desde muy joven fui expuesto a este tipo de demostraciones. Mi abuelo materno había pastoreado por muchos años en diferentes congregaciones y pueblos de Puerto Rico, pero en la penúltima de ellas, en una campaña habían invitado a un anciano profeta a predicar la palabra. Aquel anciano era judío y cargaba una manifestación del poder de Dios extraordinario.

Se entonaron canticos, se alabó a Dios y se testificó de

las maravillas del Señor, hasta que le entregaron la participación al predicador. Su mensaje, lleno de virtud y esencia duró un poco mas de una hora y luego comenzó a ministrar por los hermanos. Cuando abrió el espacio en el altar para que los hermanos recibieran la oración, cerca de trescientas personas corrieron buscando algo de Dios. Las personas comenzaron a caer al suelo tocados por el poder de Dios. Los milagros comenzaron a manifestarse. Los cautivos comenzaron a ser libres y los perdidos recibían a Jesús como Salvador. Las señales indubitables de poder se manifestaban.

Yo tenía once años de edad y me encontraba sentado en la tercera fila de asientos, pues no había pasado al altar. Simplemente observaba lo que estaba sucediendo y nada me asombraba, pues como dije, nos acostumbraron a ver este tipo de cosas. De pronto toda la música y las alabanzas se detuvieron, cuando escuche la voz del predicador llamándome. Cuando lo miré, me estaba señalando y pidiendo que subiera al altar con él. Yo no sabía qué sucedía, pero aún así caminé hacia el altar. Tomándome de la mano, mandó silenciar todo lo que sucedía pues necesitaba que la congregación escuchara lo que estaba por declarar. Mirándome a los ojos me comenzó a decir:

"Las señales indubitables de poder se manifestaban"

- *"Hay un ministerio de sanidad en milagros que Dios ha colocado en tus manos. No eres el error de tus padres ni la casualidad de la vida. Has sido traído, llamado y escogido para cosas grandes. Las naciones te esperan, y done te pares, mis señales irán contigo. Las enfermedades en tu cuerpo no te matarán sino que, serán usadas para llegar a otros y sanarles. Entregaré también riquezas en tus manos. Te entregaré tanto y tanto oro que no sabrás que mas hacer con él."*

Y soplando sobre mi frente, recuerdo caer al suelo, como si no pesara ni sintiera absolutamente nada. Una paz me inundó de tal forma que parecía que nada más importaba ni existía. Solo sentía amor y confianza. Era la presencia de Dios llenándome.

Aquellas palabras quedaron impregnadas en mi corazón y memoria, de tal forma que llegaban situaciones adversas, y esas palabras volvían a hacer eco en mi espíritu recordándome que ya Dios me haba sellado con una palabra.

A mis quince años de edad, luego de entregarle mi vida al Señor, tuve un encuentro de madrugada con Él, donde veía una mano blanca señalándome y escuchaba una voz diciéndome todo lo que Dios haría en y a través de mi y las enfermedades.

Mientras crecía en la gracia de Dios, Él comenzó a trabajar con la fe en mi vida. Oraba y Él me decía cómo yo debía creerle y tenerle confianza. Por lo que a solas comencé a encerrarme en el templo a orar, pues anhelaba estar con Él y conocerle más. Fue durante ese tiempo, antes de comenzar a predicar que, el tema de la fe comenzó a cobrar significado y relevancia para mi. Aunque no salía a ministrar, u oraba por los enfermos, Dios comenzó a crear este tipo de ejercicios de fe. Me presentaba en situaciones donde la única opción era creerle. No había comida, la única opción era creer. No habían medicamentos para el dolor, la única opción era creer. No habían oportunidades, la única opción era creer. Todo lo que vivía me exigía y demandaba fe. Mientras más confiaba y más creía, de la nada llegaba lo que necesitaba. Los dolores desaparecían. Llegaban ofrendas con la cantidad exacta de dinero que necesitaba. Se presentaban mejores oportunidades. Creer me resultaba mucho mas fácil que dudar y me traía recompensas.

Entiendo que la fe es como un musculo que se ejercita. El día que no lo ejercitas, se debilita. Constantemente hay que trabajarla y desarrollarla para que aumente. Mateo17:20 declara:

- *"...si tuvieras fe como un grano de mostaza..."*

"La Única Opción era Creer..." El grano de mostaza es una de la semillas mas pequeñas, pero sembrada en tierra y con el cuidado necesario, se puede convertir en uno de los arboles mas grandes. Interesantemente, Jesús nunca presentó el tamaño de la semilla como la medida determinante o final de la fe. Sino que, si siendo así de pequeña, puede creer en cosas grandes,

imagínate entonces qué más podría hacer si creciera.

Quien desarrolla su fe, entiende y tiene en mente que siempre habrán diversas adversidades y situaciones que se presentarán para desafiarla y tratar de hacerla morir, pero enfocándola en lo correcto, ella puede aumentar como el tamaño de un árbol que florece.

Fe Enfocada

El escritor en Hebreos 10:39 nos declara:

-"*Pero nosotros no somos de los que **retroceden** para perdición, sino de los que tienen **fe** para preservación del alma*".

Dos palabras claves el escritor utiliza dentro de este texto para transmitirnos y revelarnos un principio poderoso. Utiliza la palabra *fe* y la palabra *retroceder*. Miremos un poco a fondo lo que el escritor nos desea presentar con estas palabras. La primera es la palabra *retroceder*, la palabra utilizada es la griega "*hupostole*", que literalmente significa "*encoger, hacer pequeño, reservar*", pero la más impresionante es "*perder de vista*". El escritor nos está dando a entender que, los que han retrocedido no ha sido porque no se les obsequió algo, no les otorgó algún puesto, ni porque posiblemente no se les ayudó en alguna situación. El que retrocedió no lo hizo porque no le entregaron una parte, ni porque no le dieron una oportunidad. No porque no le reconocieron. No porque no le saludaron en la puerta del templo. No fue porque no recibió las llamadas telefónicas que estaba necesitando o esperando cuando estaba en su momento de prueba sino porque sencillamente perdieron de vista lo que es importante. Dejó de mirar a Jesucristo.

Permítame establecer este principio. Como iglesia de Jesucristo, debes saber y entender de que tu líder, tu pastor, el predicador, o el profeta que posiblemente está en una posición de honra y altura, antes de ser lo que es en Dios y Su Reino, es humano. Entiéndase que, aunque es usado por Dios con poder y aunque tiene manifestación, siguen siendo hombres de carne y de hueso. Observa lo que Santiago nos declara en el capítulo 5 de su carta. El apóstol Santiago, hablando del profeta Elías nos dice que:

"Quien retrocede es porque dejó de mirar a Jesucristo"

-*"Elías era un hombre sujeto a pasiones semejantes a las nuestras"*.

La versión RV60 nos lo declara de esa manera, pero el texto en griego, originalmente dice que:

-*"Elías era un hombre afectado similarmente"*.

Nota la diferencia entre lo que la versión RV60 dice y lo que el texto original en griego nos declara. Nos está haciendo entender Santiago con este verso que Elías, aunque era un hombre con poder y manifestación; aunque era un hombre que hacía descender fuego del cielo y era un hombre que podía hacer que los cielos se cerraran con tan sólo su palabra, a pesar de todo ello, Elías era un hombre natural. Es un hombre afectado por las amenazas que escucha de parte de Jezabel. Elías, en lo primero que piensa es en correr y esconderse dentro de una cueva. Muchísimas veces juzgamos la vida del profeta porque lo encontramos huyendo, pero si hay algo que debemos entender es que él es un hombre manifestación luchando con su humanidad. No lo hace menos hombre de Dios el hecho de que haya corrido.

Ahora, ¿por qué entender esto es importante? Porque, si no lo comprendemos, pasaremos la vida con nuestra mirada puesta en los hombres y tan pronto ellos caigan o nos fallen, a nosotros nos pasará de igual forma, pero si nuestra mirada está puesta en Jesús, *"el autor y consumador de la fe"*, (Hebreos 12:2), pase lo que pase no retrocederemos.

Nota que en el capítulo 11 el escritor nos habló de los *"héroes de la fe"*, pero toma todo el capítulo 12 para hablarnos de Jesús. No nos dice: *"Puestos los ojos en Cristo"* o *"el Señor"*, sino en Jesús. Nos está revelando la humanidad de Jesús venciendo el mundo y el pecado, dándonos el punto de perspectiva correcto en cuanto a nuestra oportunidad de también vencer.

Jesús como el autor es quién ha inspirado la escritura y el consumador quien la completa. Jesucristo es la inspiración de nuestra fe, por lo tanto, él es el principio y la culminación de la misma. Él es Alfa y Omega. Principio y fin. Jesucristo mismo es el punto de enfoque.

Amado, pase lo que pase y veas lo que veas no debes dejar de mirar a Jesucristo en tu vida. Él debe ser el punto de enfoque y el centro de atención. Él debe ser el modelo a seguir. Permítame hacerte entender que tu líder puede hablar bien, predicar bien, enseñar bien o cantar bien, pero

"Andamos por fe y no por vista" eso no lo hace el modelo a seguir. El modelo perfecto para tu vida en aquel en quien no encontrarás falta, falla, pecado ni tropiezos. Es Jesucristo. Es por eso que notarás que hay muchísimas personas que tropezaron en el camino y que regresaron atrás, porque dejaron de mirar a Jesucristo. Porque posiblemente su mirada estaba puesta en el hombre y cuando el *"modelo"* que tenían delante tropezó y cayó ellos también cayeron juntamente con él. Nunca debes hacer ni formar fundamento sobre el lugar que otro edificó. Si vas a edificar o fundamentarte en algo o en alguien ese debe ser Jesucristo.

Ahora somete ante nosotros la verdadera mentalidad del que permanece y él dice que son los que tienen fe y esta les ayuda para la preservación del alma. Entonces vemos lo que el escritor nos está haciendo entender, la preservación está agarrada de la fe. Sobrevives y vives por fe, caminas por fe.

Ahora somete ante nosotros la verdadera mentalidad del que permanece y él dice que estos son los que tienen fe.

Esta les ayuda en la preservación del alma. Entonces vemos lo que el escritor nos está haciendo entender que la preservación está agarrada de la fe y sobre vivimos y vivimos por fe. Caminamos por fe. Andamos por fe. Nos manejamos por fe. Todo lo que hacemos está sujeta a nuestra fe puesta en el Señor.

Hoy pareciera que nuestra generación es tan y tan profunda en sus mensajes que ya no desean escuchar hablar de aquello que se nos enseñó en el principio, la fe. Muchos pudieran ver el tema o el pensamiento de la fe como uno elemental, algo muy básico o muy sencillo y sencillamente muy superficial para ellos. Pero, ¿por qué hay que darle tanta importancia a la fe y porqué hay que volver a sentarnos a observar los temas del inicio nuestra vida? Lo primero es comprender que la fe es tan importante que a ella se le dedican alrededor de 236 versículos en la escritura y ella se menciona unas 253 veces.

Permítame compartirles por un momento una dosis de fe:

- Mateo 9:22: *"Jesús le dijo confía, hija; tu fe te ha salvado"*.

- Lucas 17:5: *"Los apóstoles dijeron señor: Auméntanos la fe."*

- 2 Corintios 5:7: *"Porque por fe andamos y no por vista"*.

- Santiago 1:3: *"Sabiendo que la prueba de vuestra fe produce paciencia"*.

- Hebreos 11:1: *"La fe es la certeza de lo que se espera, la convicción de lo que no se ve."*

- Juan 11:40: *"¿No te dije que si crees verás la gloria de Dios?"*

- Romanos 10:17: *"La fe es por el oír, y el oír, por la palabra de Dios."*

Si hay algo que nos ayudará a sostenernos y mantenernos enfocados dentro de nuestros momentos de dolor, de adversidad y de dificultad, es nuestra fe puesta completamente en el Señor.

La fe es necesaria, porque cuando la enfermedad quiere matarte, la fe te presenta a Cristo como sanador. La necesitas, porque cuando la crisis toca tu economía, la fe te presenta a Cristo como tu proveedor. *"Se puede morir todo, pero que no se muera tu fe"* La fe la necesitas porque cuando todos te abandonan, ella te presenta a Cristo como la absoluta compañía.

Jesús enfatiza tanto en la importancia de la Fe. En el Evangelio según San Lucas 22:31-33, Jesús establece una conversación con Pedro y le dice:

-*"Satanás os ha pedido para zarandearos como a trigo, pero yo he rogado por ti que tu fe no falte"*.

Me parece tan interesante la oración que Jesús hace

al Padre por Pedro. Jesús pudo haber orado por cualquier otra cosa. Jesús le podría estar diciendo:

-"*Pedro, vienen momentos difíciles, incluso me vas a traicionar. Vendrán días en los que me vas a negar y momentos en los que pensarás rendirte y darte por vencido. ¿Sabes cuál es mi oración? Yo he rogado por ti que tus prédicas sean más profundas.*"

O tal vez pudo haber orado y dicho:

-"*Pedro yo rogado por ti que tu agenda no se cierre*"

Quizás pudo haber orado y dicho:

-"*He rogado por ti que tengas muchos seguidores, que tengas buenas conexiones, que a tu suegra no le vuelva a dar fiebre y que te elijan como líder.*"

Pero entendiendo lo que Pedro estaría por vivir, la oración que Jesús hace trasciende todas las anteriores; "*he rogado por ti que tu fe no falte.*" Escucha cuáles son las palabras que Jesús le establece a Pedro:

- "*Dentro de las dificultades que vengan, puedes entender que te pueden faltar muchas cosas, puedes perder mucho y puedes perder tanta compañía, ¿pero sabes cuál es mi oración por ti Pedro? Que pase lo que pase, veas lo que veas y sientas lo que sientas, que no pierdas la fe. Que tu fe no te falte. Todo es bueno, pero es irrelevante si tú pierdes la fe*".

La fe es indispensable en nuestra vida. Puedes perder tus conexiones, tus recursos, tus contactos, tus palas y las puertas abiertas, pero si tú tienes fe amado, yo te aseguro que tú vuelves a levantarte de la situación en la que estás.

La fe es la herramienta que nos ayudará a mantenernos enfocados en Cristo como el blanco de nuestra soberana vocación. El mantenernos enfocados en nuestro destino es crucial e importante. Dentro de los procesos que vivimos en nuestra vida, dentro de las enfermedades que atravesamos, dentro de las crisis que nos visitan, en los rompimientos que vivimos e incluso dentro de aquellas situaciones en las que sufrimos momentos de soledad, la fe nos hace entender que hay una salida y que Dios es el maestro detrás del diseño. Mantenernos enfocados es uno de los principios para no perdernos en nuestro camino.

"La fe es la herramienta que nos mantiene enfocados"

Fe a Ojos Cerrados

Abraham es un ejemplo vivo de la manifestación de la fe. Bíblica y teológicamente lo conocemos como el padre de la fe. Génesis 12 revela el llamamiento de Dios al patriarca. Vive una vida de e y confianza. Es tal la intimidad de este hombre con el Eterno, que Dios le cambia el nombre de *Abram* a *Abraham*. De *padre exaltado* a *padre de multitudes*. Toda su vida se convirtió en una manifestación constante de fe.

De pronto observamos su vida, y nos damos cuenta que el patriarca no ha vivió la mitad de lo que otros hombres vivieron. Abraham nunca vio a zarza ardiendo en fuego. Jamás vio una columna de nube ni de fuego. Tampoco vio agua brotar de la peña, ni mana o codornices caer del cielo. Su rostro nunca resplandeció. Jamás lo metieron en la peña, ni vio el dedo de Dios escribir en las tablas, como tampoco vio las espaldas del Señor. En comparación a la vida de otros hombres de Dios, en cuanto a experiencia se refiere, Abraham se queda corto. Sin embargo, te das cuenta que su fe en Dios nunca estuvo sujeta a una experiencia visible ni tangible. El único detalle que Génesis 12 nos descubre de su llamamiento es que Dios le habló. No se nos revela ningún otro detalle, sino el simple hecho que *escuchó* la voz de Dios. *Escuchar la voz* se convirtió en la mayor evidencia para la vida del profeta

Recordemos por un momento que este hombre vive en Mesopotamia, Ur de los Caldeos y es escultor de ídolos con su padre. Este hombre no es conocedor ni servidor de Jehová, pero en el momento en el que escucha a Dios puede comprender:

- *"Esculpo ídolos que tienen boca y no hablan. Tienen oídos, pero no escuchan. Tienen ojos, mas no ven... Pero me habló Uno que yo nunca vii, toqué, sentí, ni serví, pero en el momento en el que me habló me convenció que es el Dios verdadero."*

Hay algo tan poderoso escondido detrás de la voz de Dios que puede tomar a un hombre que no le sirve ni conoce, y lo convierte en el ejemplo de completa confianza. A tal punto que la voluntad de Dios es que: *"salga de su tierra y parentela"*, y sin pensarlo dos veces, ni cuestionarlo, sale a caminar a un lugar que no ha visto ni conocido, pero que confía que llegará.

"Quien me habló, me convenció que es El Dios verdadero"

ULTIMAS PALABRAS

Es Una Cuestión de Fe

"La fe, sin obras, es muerta..."

-Santiago 2:17, RV60

*A*sí como lo hemos establecido en los capítulos anteriores de este libro, toda nuestra vida es una constante manifestación de fe. Fe en diferentes facetas y dimensiones. Manifestamos fe al despertarnos, al comer, al andar, al levantarnos, al conducir, al emprender, al comenzar y terminar algo, y así la lista continuaría sin fin.

Pero actuar en fe se vuelve desafiante cuando todo lo que nos rodea parece ser adverso y contrario. Se nos hace difícil actuar en fe cuando las noticias médicas no son muy alentadoras. Es difícil actuar en fe cuando del banco amenazan con quitarnos nuestras propiedades y pertenencias. Se nos hace difícil actuar en fe cuando nuestros recursos son limitados y no bastan para lo que necesitamos.

Una Palabra Basta

En el mes de enero del 2018, Gene y yo nos comprometimos para casarnos. Nuestro video se fue de forma viral en las redes sociales, donde las visualizaciones del mismo excedían el millón de vistas. Aunque la emoción del momento era grande, nos enfocamos en los arreglos y trabajos necesarios para nuestra boda. Y la verdad del asunto es que, por mas sencillo que deseas hacer una boda, absolutamente todo sale muy costoso. Estuvimos todo el primer mes trabajando con todos los preparativos y analizando cual seria el costo de todo.

"Actuar en fe se vuelve desafiante cuando lo que nos rodea es adverso"

Un mes mas tarde, recuerdo haber estado acostado en mi cama, dentro de mi habitación, a eso de las 1:30 de la madrugada, hablando con Dios acerca de ciertas cosas que estaban surgiendo, y qué era lo que yo debía hacer en cuanto ello. Mientras conversaba con Él, escuché Su voz hacer eco en mi interior. Era como si la voz de Dios retumbara fuertemente en mi. Fue tan fuerte lo que sentí y escuché, que me levante de prisa, corrí a mi oficina y frente al escritorio comencé a escribir todo lo que el Espíritu me hablaba. El Señor me hablaba del libro ya publicado, *En Los Zapatos Del Evangelista*, y cual sería el enfoque del mismo. A quien le hablaría, y de qué les hablaría. Fue una experiencia que, aun al día de hoy me sacude.

Mientras escribía con desesperación todo lo que el Espíritu me daba, caí en cuenta de algo. Mi humanidad chocó con la realidad presente, mi economía. Estaba corriendo con todos los gastos de boda, y no contaba con dinero adicional, como para publicar un libro. Todo era costos Por lo que se lo presente al Señor como una inquietud, pero lo único que Él me decía era:

- *"Escribe y publica"*

No contaba con recursos ni ayudas adicionales, pero si contaba con una palabra. Y esa sola palabra me bastaba. Uno o dos meses mas tarde, mientras me encontraba en el trabajo de escritura y desarrollo, una profeta me llamó al teléfono. Yo no le conocía, ni aun al día de hoy la he conocido en persona; pero al contestar su llamada me dijo:

- *"Michael, tu no me conoces ni yo a ti. Se quien eres porque tenemos un amigo en común, y Dios me habló de ti y de tu libro. Así te dice Dios: Antes de mediados de año tu libro necesita estar publicado. Hay personas que necesitan ser confrontados, ministrados y restaurados con tu escritura."*

Me sacudí cuando escuché sus palabras, pero me estremecí aun mas fuerte cuando entendí que tenía una fecha límite para la publicación del libro. Mientras mas me preocupaba lo único que Dios me continuaba diciendo era:

- *"Escribe y publica."*

La semana que terminé de escribir el libro y añadirle sus toques finales, salí a ministrar a un retiro de lideres en una Iglesia muy amada por mii. Era algo bastante intimo, con algunas 25 personas. Esa mañana me marcó tanto, porque la presencia de Dios era casi tangible en aquél

"Hay personas que necesitan ser confrontados, ministrados y restaurados con tu escritura"

lugar. Había una manifestación muy fuerte de la gloria. Cuando de pronto, en ciencia, Dios comenzó a mostrarme unas situaciones que estaban surgiendo en aquel lugar, específicamente de parte de unas personas hacia los pastores. Me acerqué a los pastores y les dije lo

que Dios me mostraba y les hablé una palabra que el Señor les daba. Fue como una bomba. La pastora cayó al suelo quebrantada en llanto. El Espíritu comenzó a ministrarle de una manera muy fuerte.

Cuando terminé mi participación, me bajé del altar y tomé mis cosas para prepárame a salir del servicio. De momento observo a la pastora que viene caminando hacia mi llorando, pero con su cartera en su mano. Metió su mano dentro de ella y sacando su chequera me preguntó:

- *"¿Cuánto dinero necesitas para publicar tu libro? Pues yo quiero correr con los gastos de publicación."*

El Señor te dice hoy amado:

- *"Lánzate en Fe. ¡Levántate! Toma tu lecho y anda, pues yo estoy contigo."*

Despreocúpate por lo que te falta y lo que perdiste. Quien te está llamando tiene todo lo que necesitas para hacerte avanzar y establecerte en el lugar del cumplimiento.

Es necesaria la prueba y el desierto, pues están sacando una fe firme. Ella siempre será puesta a prueba como el oro por el fuego. 1 Pedro 1:7 declara:

- *"Para que sometida a prueba vuestra fe, mucho más preciosa que el oro, el cual aunque perecedero se prueba con fuego, sea hallada en alabanza, gloria y honra cuando sea manifestado Jesucristo."*

Dios quiere sacar de ti una fe que *Cree lo Increíble, Ve lo Invisible* y *Hace lo Imposible*. El propósito de probar la fe es precisamente prepararla y moldearla de tal forma en que nos afirmemos en Él y podamos confiar plenamente Su poder milagroso obrando a nuestro favor.

Con tan solo escuchar la voz del Eterno, toda duda en ti se disipa. Toda incredulidad muere. Y toda incertidumbre desaparece. El apóstol Pablo declaró en Romanos 10:17 RV60:

- *"Así que la fe es por el oír, y el oír, por la palabra de Dios"*

La fe es el resultado de la palabra de Dios haciendo eco

en nuestro espíritu, abriendo nuestros ojos y despertando la confianza y certeza de que Dios hará lo que dijo que hará.

"Una fe que Cree lo Increíble, Ve lo Invisible y Hace lo Imposible"

Te invito a CREER, pues *"Para el que CREE, todo le es POSIBLE."*

Toma tu lecho, levántate y anda, pues el Maestro te está llamando a tu mejor temporada.

ACERCA DEL AUTOR

El Evangelista Michael A. Santiago es autor del libro En Los Zapatos del Evangelista (Anécdotas y Experiencias Ministeriales).

Vive felizmente casado con su esposa Génesis Ramos, quien se ha convertido en su compañera de viajes y aventuras. Juntos viajan a predicar y enseñar la palabra a diferentes partes de Puerto Rico, Estados Unidos y como meta, alcanzar el mundo con su mensaje. Trabajan actualmente con varios libros adicionales y también poyectos audiovisuales, que sin duda alguna, bendecirán a su generación.

Puedes encontrar a Michael A. Santiago en todas sus redes sociales por nombre. Puede ser contactado en su pagina y correo electrónico:
michaelsantiagoministries@gmail.com

Made in the USA
Columbia, SC
01 August 2020